Wiswe · Spanschachteln

Mechthild Wiswe

Spanschachteln

Geschichte · Herstellung · Bemalung

Keyser

CIP-Kurztitelaufnahme der Deutschen Bibliothek:

Wiswe, Mechthild:
Spanschachteln: Geschichte, Herstellung, Bemalung/
Mechthild Wiswe. – München: Keyser, 1986.
ISBN 3-87405-173-0

© 1986 by Keysersche Verlagsbuchhandlung, München

Umschlaggestaltung: Evi und Hansjörg Langenfass, Ismaning
Herstellung und Gestaltung: Friderun Thiel, Ismaning

Reproduktionen Farbe: Repro Ludwig, Zell am See
Reproduktionen schwarzweiß: FBS Fotolithos, Martinsried
Satz und Druck: Aumüller Druck KG, Regensburg
Bindearbeiten: Conzella Verlagsbuchbinderei GmbH., Pfarrkirchen

Printed in Germany

Inhalt

Vorwort

Die reichhaltige Spanschachtelsammlung des Braunschweigischen Landesmuseums, deren museale Betreuung der Verfasserin obliegt, bereitete dem Auge spontan Freude, forderte aber auch die wissenschaftliche Neugier heraus. Diese freilich war nicht so schnell zu befriedigen, wie zunächst erhofft. Wohl sind Spanschachteln in Veröffentlichungen unterschiedlichen Charakters häufig erwähnt und abgebildet worden. Jedoch findet man kaum je Hintergrundinformationen dazu. Auch gibt es weder einen Überblick über die Spanschachtelproduktion in Mitteleuropa, noch sind die meisten Einzelaspekte hinlänglich dargestellt worden.

In dem hier vorgelegten Band wird erstmals versucht, die Erscheinungsformen der bemalten und der unbemalten Spanschachtel in Mitteleuropa zusammenfassend zu dokumentieren. Ein Exkurs berichtet kurz über die Situation in Nord- und Nordosteuropa. Die unterschiedlichen Schachtelformen, die Herstellungs- und die Maltechniken sowie die Motivgruppen werden erörtert.

Darüber hinaus finden die Lage der Produzenten, die besondere Struktur des Handels und die mannigfachen Verwendungszwecke Berücksichtigung.

Die Verfasserin ist sich bewußt, daß manche Angaben hypothetisch, manche Fragen offen bleiben müssen. Insbesondere die weitere Auswertung von Archivalien, die für diese Publikation weit stärker herangezogen worden sind als für die meisten früheren Arbeiten, dürfte neue Aufschlüsse geben.

Viele Freunde und Kollegen im In- und im Ausland haben meine Arbeit durch Einzelhinweise gefördert. Ihnen allen sei dafür herzlich gedankt.

Der Schachtelmacher.

Treu sei des Hertzens Grund, der Deckel reiner Mund!

Gebt wol auff die Gedächtnis acht,
und braucht derselben mit Bedacht,
eh' euch der Mißbrauch dort anklaget.
Legt ja nicht böse Wahr hinein.
Läßt sie der Seelen Schachtel seyn,
worinn ihr Trost und Lehre traget.

1   Schachtelmacherwerkstatt. Kupferstich nach C. Luyken aus Ch. Weigels
»Abbildung der gemein-nützlichen Hauptstände« von 1698.
Die Darstellung zeigt die Zusammenarbeit von Mann und Frau bei der Schach-
telherstellung.

Einführung

Dieses Buch handelt von jenen tragbaren, nicht allzu großen Behältnissen mit flachem Stülpdeckel und gerundeten Formen, die aus sehr dünnen Holzplättchen, den Spänen, in spezifischer Art gearbeitet sind. Bis zum Ende des 19. Jahrhunderts galt dafür im Deutschen das Wort Schachtel[1] als hinreichend zur Unterscheidung von den anders gearbeiteten hölzernen Dosen, Büchsen und Kästchen, die in mitteldeutschen Mundarten als Trühli bezeichnet werden, sowie den größeren Kisten und Kästen. Nachdem sich aber die Bedeutung des Begriffs Schachtel erweitert hatte auf dünnwandige, kleinere Behältnisse jeglicher Art und Form aus unterschiedlichen Materialien (besonders aus Pappe und Blech) mit unterschiedlichen Deckeln und Öffnungsmechanismen, wurde für unser Genre zur klareren Abgrenzung der Begriff Spanschachtel üblich. In dieser Darstellung wird unter Schachtel nur die Spanschachtel verstanden.

Das Wort Schachtel ist nach den Untersuchungen der Sprachforschung durch Kaufleute aus dem Süden über die Alpen nach Deutschland gelangt. Im zweiten Viertel des 15. Jahrhunderts ist erstmals oberdeutsch ›scat(t)el‹, ›gatele‹ belegt, dem italienisch ›scatola‹, mittellateinisch ›scatula‹ vorausgehen.[2]

In der Schweiz heißt die Spanschachtel auch Trucke oder Trückli bzw. Schindelschachtel. Schindel ist hier als Synonym zu Span gebraucht. Das Oberdeutsche kennt für die Schachtel auch die Bezeichnung Ledle[3] (Diminutiv von Lade), ›Gestad(e)l‹[4] und ›Gad(e)l‹[5]. Nach einem Teil der Quellen wird letzteres nur für eine bestimmte Gruppe benutzt,[6] die aus verhältnismäßig dicken Spänen gearbeitet ist, nach anderen Hinweisen aber hießen alle Spanschachteln so. ›Gadel‹ geht zurück auf mittelhochdeutsch ›gaden‹, wie es sich beispielsweise im Ortsnamen Berchtesgaden erhalten hat. Es bedeutet soviel wie ›geschlossener Raum‹, dann aber auch ›Schrein, Kiste‹.[7] Gadel ist die Verkleinerungsform dazu mit der Bedeutung ›Kästchen aus Span, kleiner Schrein‹. In der zusammengesetzten Form ›Kappenschrein‹ kommt dieser Begriff übrigens im Hessischen für eine bestimmte Gruppe von Spanschachteln vor, in denen Kappen, das heißt Trachtenhauben, aufbewahrt wurden.[8]

Im Mittelniederdeutschen und in den niederdeutschen Mundarten der Neuzeit heißt die Spanschachtel ›ask/asch‹, mit Umlaut auch ›esk/esch‹ und mit Sandhi-Anlaut, das heißt vorgeschlagenem, unbestimmtem Artikel ›nask/nasch‹.[9] Dem entspricht die im Dänischen, Norwegischen und Schwedischen gleichlautende Bezeichnung ›ask‹ beziehungsweise für Spanschachtel schwedisch ›spånask‹. Das gleiche Wort ›ask‹ bezeichnet im Mittelniederdeutschen ebenso wie noch heute in den skandinavischen Sprachen auch den Eschenbaum, ›fraxinus excelsior‹.[10] Die Bezeichnung des Materials ist zweifellos auf das daraus angefertigte Gefäß übertragen worden. Spanschachteln aus Eschenholz sind unter anderem in merowingerzeitlichen Gräbern in Württemberg nachgewiesen worden.[11] Aus späterer Zeit dagegen findet man Schachteln aus Eschenholz nur in Skandinavien. Demnach muß die Wortübernahme vom Material auf den Gegenstand bereits früh und vermutlich schon in prähistorischer Zeit erfolgt sein.

Eine Sonderform der Spanschachtel heißt in Schleswig-Holstein mundartlich ›klobb‹, im Dänischen ›knepesk‹ (vgl. S. 84 ff.).[12] Englische Bezeichnungen für die Spanschachtel sind ›chip-box‹ und ›dealbox‹ oder auch das Simplex ›box‹, amerikanisch ›splint-box‹. Nach einer Angabe von 1781 wurden große Mengen bemalter und unbemalter Schachteln aus Thüringen nach Großbritannien exportiert.[13] Die Herstellung läßt sich hier bisher nicht nachweisen,[14] wohl aber in den USA von den Pfälzerdeutschen in Pennsylvanien.[15]

Im Französischen wird für unsere Spanschachteln ebenso wie für andersartige kleine Behältnisse aus Holz auf einer älteren Sprachstufe der Begriff ›layette‹, auf einer jüngeren aber ›boîte‹ und nur selten die spezifische Bezeichnung ›boîte en copeaux‹ oder ›boîte en bois‹ verwendet. Der Hersteller heißt hier altertümlich ›layettier‹ oder ›boisselier‹,[16] im Deutschen nennt man ihn Schachtelmacher, im Schweizerdeutschen auch Trücklimacher. Für das dünne Material der Schachteln ist das Wort Span im Deutschen am weitesten verbreitet. Gelegentlich wird in der Literatur vom ›Blatt‹[17] gesprochen. In der Schweiz gilt daneben Schindel, das sonst auch die kleinen, besonders gestalteten Holzbrettchen bezeichnet, mit denen man das Dach beziehungsweise das Haus verkleidet.

Die Wandungen der Spanschachtel heißen im Deutschen ›Zargen‹ oder – seltener – ›Winkelspäne‹ oder ›Schienen‹, in Österreich auch ›Reif‹, im Schwedischen aber ›svep‹.

Die Zargen werden in Art von Stoff und Leder zusammengefügt; man sagt: ›genäht‹, ›gebunden‹ oder ›geheftet‹.

Nur wenige einfache Werkzeuge sind erforderlich, um geeignetes

Holz in dünne Späne aufzuspalten und daraus durch Biegen und Zusammenfügen Schachteln zu fertigen. Das Geschick dazu hatte der Mensch offenbar bereits in früher Zeit entwickelt. Neben dem zweifellos hohen Alter der nordischen Bezeichnung ›ask‹ für die Spanschachtel deuten darauf auch archäologische Funde in beachtlicher Zahl. Die frühesten stammen aus der Älteren Bronzezeit aus Mitterberg [18] bei Bischofshofen in den Alpen und aus Dänemark. Ein dänischer Fund enthielt interessanterweise neben einem Bronzemesser und einem Hornkamm eine Haube. [19]

Unter den Funden der Wikingersiedlung Haithabu südlich von Schleswig waren die Reste von drei Spanschachteln, deren Zargen aus Eschen-, die Platten aber aus Buchenholz gefertigt waren (Abb. 2). Verziert waren diese Stücke in Ritztechnik, wie sie in Skandinavien bis

2   Runde Schachtel, zeichnerische Rekonstruktion anhand von Originalteilen aus Eschenholz aus dem merowingerzeitlichen Grabfund von Oberflacht in Württemberg. Nach P. Paulsen u. H. Schach-Dörges (1972), Abb. 34.

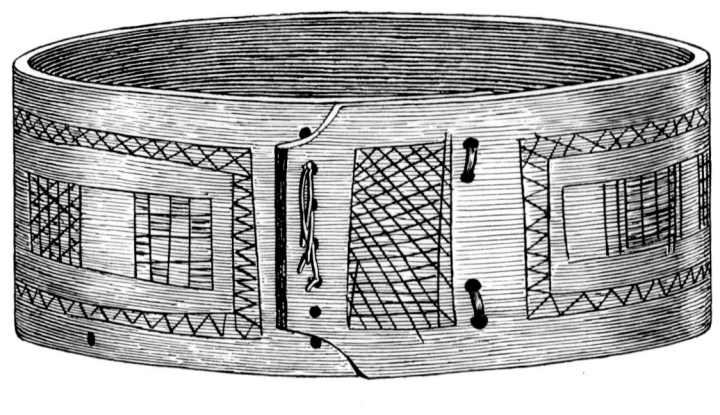

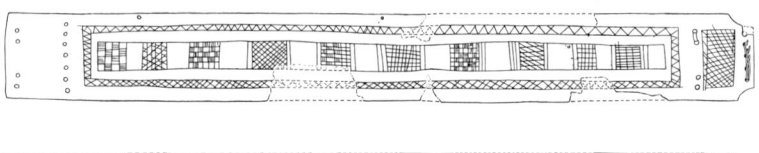

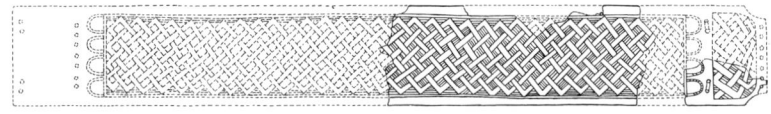

3 Ovale Schachtel, abgerollte, teilweise ergänzte Zargen, zeichnerische Rekonstruktion aus der Wikingersiedlung Haithabu bei Schleswig. Nach K. Schietzel (1970), Abb. 6.

in das 20. Jahrhundert hinein für unsere Schachteln üblich geblieben ist.[20] Andererseits wurden Reste einer runden, durch Kerbschnitt verzierten Schachtel im sogenannten Osebergfund gesichert, dem Grab einer vornehmen Frau aus der Mitte des 9. Jahrhunderts, das 1903 am Oslofjord ausgegraben worden ist.[21] Ganz ähnlich wie diese müssen die kleine runde und die größere ovale Schachtel aus Eschenholz gearbeitet und verziert gewesen sein, deren Reste 1903 in den merowingerzeitlichen Alamannengräbern von Oberflacht in Württemberg entdeckt wurden. In ihnen fand man übrigens Nähutensilien, außerdem aber Spinngerät (Abb. 3).[22]

Für diese Schachteln ist offenbar die gleiche Herstellungstechnik angewandt worden, wie sie bis in das 20. Jahrhundert hinein im nordeuropäischen Raum verbreitet war.

Vielleicht noch in das 13. oder aber in das 14. Jahrhundert ist die kleine, ovale, schlichte Schachtel zu datieren, die als Hülle für eine Alraune im Jahre 1953 unter dem Fußboden des Nonnenchors des Klosters Wienhausen bei Celle aufgefunden wurde.[23] Im Gegensatz zu den zu-

4   Ovale Schachtel mit Lochnaht, überliefert im Augustinerchorfrauenstift
Steterburg (jetzt Stadtteil von Salzgitter). 11 x 29 x 20.*
Dekor: Auf der Deckelplatte Einsetzung des Abendmahles mit der entsprechenden Bibelstelle (Matth. 26, 26); Deckelzarge mit gotischem Rankenwerk;
Schachtelzarge mit runden Medaillons mit Vogeldarstellungen und Inschriften
mit belehrenden Sentenzen aus der sogenannten Vogelsprache. Sehr wahr-
scheinlich Nürnberger Arbeit, 1. Hälfte 14. Jh.

vor erwähnten ist dieses Stück aus Nadelholz bereits in jener Technik
gefertigt, die für die Schachtelherstellung in Mitteleuropa bis heute ge-
bräuchlich geblieben ist. Nur wenig später – in der ersten Hälfte des
14. Jahrhunderts – ist das bei weitem früheste, durch Malereien ge-
schmückte Beispiel entstanden (Abb. 4), das bisher bekannt wurde:[24]
Diese ovale, verhältnismäßig große Schachtel aus Tannenholz, die neben polychromen Darstellungen des Abendmahles auf dem Deckel
und von Medaillons mit Vögeln auf den Zargen, Inschriften zeigt, ist
auf Grund stilkritischer Vergleiche in die 1. Hälfte des 14. Jahrhun-

* Alle Maßangaben bei den nachfolgenden Abbildungen erfolgen in cm in der
  Reihenfolge Höhe x Länge x Breite.

ders datiert worden. Sie wurde im Augustinerchorfrauenstift Steterburg (jetzt Ortsteil von Salzgitter) überliefert und gelangte von dort in
das Herzog Anton Ulrich-Museum in Braunschweig. Für die Folge-
zeit lassen sich zunächst nur vereinzelt Spanschachteln nachweisen,
ohne daß daraus Rückschlüsse auf den Umfang der Verbreitung zu
ziehen sind. Eine etwas größere Gruppe, die durch Fladdernpapier
oder aufgeklebte Holzschnitte geschmückt wird, hat sich aus dem
16. Jahrhundert erhalten (Abb. 146–148).[25]
Erst seit der Mitte des 18. Jahrhunderts häufen sich die Belege. Es handelt sich dabei überwiegend um die verhältnismäßig großen, zumeist
ovalen, gelegentlich auch runden, dekorativ bemalten Haubenschachteln. Diese haben entsprechend einer Zeitmode von da an bis in das
ausgehende 19. Jahrhundert eine außerordentlich große Verbreitung
gefunden. Ob ihres prächtigen Dekors wurden sie – auch als man keine
praktische Verwendung mehr dafür hatte – oft in Privatbesitz erhalten.
Schon früh auch begannen Museen, Haubenschachteln unter dem
Aspekt der ›Volkskunst‹ zu sammeln. Unter derartigen Stücken aus
dem 18. Jahrhundert ist ein gewisser Anteil, der Jahreszahlen enthält,
während Datierungen auf Stücken aus dem Beginn des 19. Jahrhunderts nur noch gelegentlich, auf noch späteren kaum noch vorkom-
men. So ist man für die Datierung oft auf sekundäre Merkmale ange-
wiesen, vornehmlich auf stilistische Charakteristika. Erschwerend
wirkt in dieser Hinsicht, daß bestimmte Motive langhin in gleicher
oder nur geringfügig veränderter Gestaltung üblich waren. Das gilt
insbesondere für bestimmte Figuren in Modekleidung. Solche werden
noch mindestens bis in die zweite Hälfte des 19. Jahrhunderts in einer
stilisierten Form der in der zweiten Hälfte des 18. Jahrhunderts modi-
schen Kleidung und Haartracht wiedergegeben.
Seit dem Ende des 19. Jahrhunderts wurde die Produktion von Spanschachteln infolge der Verbreitung inzwischen entwickelter geeigneter
Verpackungen aus anderen Materialien, vor allem solchen aus Pappe
(Abb. 5) und aus Blech, schnell weitgehend aufgegeben. Zur Zeit ist
eine Neubelebung aus kunstgewerblichem und folkloristischem Interesse zu beobachten.
In geringerer Zahl als bemalte Haubenschachteln sind bemalte Stücke
anderer Verwendung und kleineren Formates überliefert, wie sie für

14

6   *Gruppe blanker Schachteln. (1) Runde Schachtel, Originalverpackung ei-*
ner 1854 benutzten Brautkrone, Watenbüttel bei Braunschweig. (2) Ovale
Versandschachtel mit Postaufkleber, um 1870, Braunschweig. (3) Kleine ovale
Schachtel, Verpackung für »Grüne Salbe«, 2. Drittel des 20. Jhs., überliefert in
Wendeburg bei Braunschweig. (4) Ovale Schachtel, Wedtlenstedt bei Braun-
schweig. (5) Ovale Schachtel, erworben in Braunschweig. (6) Runde Schachtel,
Originalverpackung für eine Brautkrone aus Deensen bei Holzminden/Weser.
(7) Runde Schachtel aus Gittelde/Harz, Anfang 20. Jh. Zum Größenvergleich:
Schachtel (5): 18,5 x 44,5 x 28.

15

Devotionalien, für Konfekt und Backwaren sowie für Spielzeug üblich waren. In süd- und mitteldeutschen Museen trifft man diese häufiger an als in norddeutschen.

Blanke, das heißt unverzierte Schachteln (Abb. 6), die den bei weitem überwiegenden Anteil an der Produktion bildeten, sind langhin nur gelegentlich als Verpackung von Sammlungsobjekten in die Museen gelangt. Erst in jüngster Zeit hat sich der Blick in Verbindung mit der Erfassung der Alltagskultur etwas stärker darauf gerichtet.

Die wohl größte Sammlung bemalter Spanschachteln, die im wesentlichen von dem Volkskundler Richard Wossidlo (1859–1939) in Mecklenburg zusammengetragen worden ist, besitzt heute das Staatliche Museum in Schwerin.[26] Weitere umfängliche Sammlungen sind bekannt aus dem Altonaer Museum und dem Museum für Hamburgische Geschichte in Hamburg, dem Braunschweigischen Landesmuseum in Braunschweig, dem Westfälischen Freilichtmuseum in Detmold, dem Hessischen Landesmuseum in Kassel, dem Museum für Deutsche Volkskunde in Berlin-Dahlem, den Museen für Volkskunst in Erfurt und in Dresden, dem Spielzeugmuseum in Sonneberg in Thüringen, dem Bayerischen Nationalmuseum in München, dem Germanischen Nationalmuseum in Nürnberg, den Heimatmuseen in Ruhpolding und Berchtesgaden, dem Schweizerischen Museum für Volkskunde in Basel, dem Österreichischen Museum für Volkskunde in Wien, dem Oberösterreichischen Landesmuseum in Linz und dem Heimathaus Ried im Innkreis. Die teils noch vor 1900, teils aber unmittelbar danach begonnenen Sammlungen in Braunschweig, Erfurt, Nürnberg und Basel zeichnen sich durch einen besonderen Variantenreichtum der Schachteln sowohl nach der Form wie nach der Herstellungstechnik und der Art des Dekors aus. Sie erscheinen daher als Studienobjekte für vergleichende Untersuchungen besonders geeignet. Es fehlen freilich hierzu in der Regel Angaben über die Herstellungsorte und -gebiete mit Ausnahme einer Anzahl Stücke der Baseler Sammlung. Die Auswertung der historischen Bildquellen, die Spanschachteln zeigen, steht bisher noch in den Anfängen. Früh erscheinen diese bereits gelegentlich auf mittelalterlichen Tafelbildern und Miniaturen. Es handelt sich da um biblische Szenen oder aber um Apothekendarstellungen (Abb. 7, 8).[27] Später dann gehören unsere Schachteln oft zum Instrumentarium von Stilleben (Abb. 17). Dargestellt sind, nach den bisher bekannten Beispielen zu urteilen, vorwiegend unbemalte Exemplare, auf den Stilleben nur diese. So wird in den Bildquellen in erster Linie die Verwendung dokumentiert. Gelegentlich kann man erkennen, in welcher Art die Zargen gebunden sind.

16

7 Ovale Schachtel, offenbar mit Schlitznaht, gefüllt mit Gebäck. Auf einem Neu-
jahrsglückwunsch der Zeit um 1470, an-
onymer Holzschnitt.

8 Ovale, blanke Schachtel, mit Gebäck,
wohl Oblaten, auf dem Gemälde »Tod Marias«, Meister von Großgmain, um 1480.

Die Spanschachtelherstellung bildete in den wenigen Regionen Mitteleuropas, auf die sie langhin beschränkt blieb, einen wichtigen Wirtschaftsfaktor. Gleiches gilt für den Handel, insbesondere für die Ausfuhr weit über die Grenzen des eigenen Territoriums hinaus sowohl im Hinblick auf die Exporteure wie für die Importeure in den Aufnahmegebieten. So ist es nicht verwunderlich, daß man sich von Staats wegen unter mannigfachen Gesichtspunkten mit dieser Materie beschäftigte. Das wiederum fand seinen Niederschlag in einer zweifellos nicht geringen schriftlichen Überlieferung. Diese ist bisher von der Schachtelforschung kaum genutzt worden. Ihre Auswertung bereitet freilich Schwierigkeiten, handelt es sich doch in der Regel um Einzelangaben, die sich überdies oft an entlegener, unvermuteter Stelle finden. Beispielsweise enthalten Aktenstücke aus der Mitte des 18. Jahrhunderts, die die Verbesserung der wirtschaftlichen Situation der Drechsler in den Städten Braunschweig und Helmstedt erörtern,[28] genauere Angaben zu den Spanschachteln, die damals aus Thüringen und aus dem Erzgebirge nach hier importiert wurden.

Am reichhaltigsten ist die archivalische Überlieferung, soweit bisher bekannt, über die Schachtelmacherei und den -handel im Berchtesgadener Raum. Von hier sind bereits aus dem 16. und 17. Jahrhundert Handwerksordnungen vorhanden, die viele Einzelheiten enthalten.[29] Über die Situation der Schachtelmacherei in Nürnberg berichtet ausführlicher erst eine handschriftliche Handwerksordnung aus dem Jahre 1834.[30]

Im Hinblick auf die sächsischen Produktionszentren und den Thüringerwald haben sich bisher die archivalischen Quellen als weitgehend unergiebig erwiesen.

Für das damalige Kurfürstentum Hannover und für das frühere Herzogtum Braunschweig, also den größeren Teil Niedersachsens, kann andererseits anhand der archivalischen Überlieferung nachgewiesen werden, daß die Schachtelmacherei hier nicht Fuß fassen konnte (entgegen früheren Angaben, unter anderem bei Krünitz und noch bei Lauffer).[31]

Für die übrigen in Frage kommenden deutschen Territorien sind entsprechende Archivalien bisher kaum ausgewertet worden.

Erste gedruckte Darstellungen von Schachteln enthält Christoff Weigels bekanntes Werk ›Abbildung der gemein-nützlichen Hauptstände‹ (1698).[32] Man findet sie auf einem Holzschnitt, der eine Schachtelmacherwerkstatt zeigt (Abb. 1), oder auch auf den Darstellungen der Werkstätten einiger anderer Handwerke, die sie benutzten oder damit handelten.

Auf Weigel fußen direkt oder indirekt, freilich zumeist in Verbindung mit anderen Informationsquellen, die ökonomisch-technologischen Lexika des 18. und auch noch 19. Jahrhunderts (Zedler, Krünitz, Ersch-Gruber, Jacobson, Poppe), die ausführlichere Artikel unter Stichwörtern wie Schachtel, Schachtelbaum, Schachtelmacher, Schachtelmalerei etc. aufgenommen haben. In der großen Gruppe der Topographien, das heißt der statistisch-ökonomischen Landesbeschreibungen, die im 18. und im 19. Jahrhundert ihre Blütezeit erlebt haben, findet die Schachtelherstellung, soweit in den betreffenden Territorien vertreten, ebenfalls Berücksichtigung,[33] freilich überwiegend nur mit sehr knappen Angaben über die Zahl der damit Beschäftigten, den Umfang der Produktion und nur teilweise mit Nennung der Herstellungszentren. Handelswege und Exportziele dagegen werden nicht genannt.

Reiseschriftsteller des 18. und 19. Jahrhunderts vermitteln durch ihre – oft gefühlvoll-anteilnehmenden – Schilderungen einen anschaulichen Eindruck von den kärglichen Lebensumständen der Schachtelmacher, ohne auf ihre Produkte einzugehen.[34]

Nur drei ältere, alpenländische Publikationen von Forstbeamten, die wohl in staatlichem Auftrag erarbeitet worden sind, beschreiben exakt aus unmittelbarer Beobachtung und Erkundung das für die Schachtelherstellung notwendige Material, die Fertigungstechniken und den Absatz.[35] Sie nennen auch Preise und Gewinn der Produzenten. Ähnlich informativ ist eine etwas spätere heimatkundliche Arbeit von A. Böhm im Hinblick auf die Verhältnisse in Lauscha im Thüringerwald.[36]

Die eigentliche wissenschaftliche Beschäftigung mit den Spanschachteln begann im ausgehenden 19. Jahrhundert mit der Untersuchung der Heimarbeit unter sozialkundlichem Aspekt.[37] Es folgten regional begrenzte nationalökonomische und wirtschaftsgeographische Forschungen, die auch die Schachtelmacherei in groben Zügen berücksichtigten. Das Interesse galt in diesen Zusammenhängen wiederum den Herstellern, dem Absatz sowie Produktionszahlen, Kosten und Preisen.[38]

Kaum jemand hat sich bisher bemüht, archivalische Überlieferungen und vorhandene Schachteln einander zuzuordnen. So wissen wir beispielsweise, daß auf der großen Braunschweiger Warenmesse, auf der in erster Linie Wiederverkäufer aus Nord- und Westdeutschland bis in die Niederlande hin einkauften, im 18. und im 19. Jahrhundert Schachteln aus Thüringen und aus dem Erzgebirge angeboten wurden.[39] Jedoch lassen sich die im Braunschweigischen überlieferten

Stücke nicht mit Sicherheit auch nur einer dieser Regionen zuordnen. Verhältnismäßig leicht dagegen ist die Abgrenzung gegenüber den süddeutsch-alpenländischen Erzeugnissen.

Die einzige umfassende wissenschaftliche Publikation zum Thema ›Spanschachteln‹ erschien 1940 in Stockholm.[40] Wiewohl das umfangreiche, seit Beginn der 1930er Jahre von dem schwedischen Volkskundler John Granlund erarbeitete Werk entsprechend seiner Zielsetzung das Thema ausführlich nur für Skandinavien abhandelt, enthält es in seinen einleitenden Abschnitten zahlreiche, sonst unveröffentlichte Angaben aus Mittel-, West- und Osteuropa. Diese gehen überwiegend auf Auskünfte zurück, die Granlund durch Versand eines Fragebogens und individuelle Rückfragen eingeholt hat. Wohl infolge des Erscheinens während des Zweiten Weltkrieges ist diese grundlegende Arbeit von der deutschen Forschung bis heute völlig unbeachtet geblieben. Auch der bedeutende, in Hamburg lehrende Volkskundler Otto Lauffer hatte offensichtlich von Granlunds Forschungen keine Kenntnis, als er 1939 – wiederum in erster Linie unter dem Gesichtspunkt der Volkskunst – einen ersten zusammenfassenden deutschen Überblick über unser Thema gab.

Lauffer hat als erster sowohl gedruckte schriftliche Quellen (aber keine Archivalien) ausgewertet als auch Originalobjekte berücksichtigt. Seine Ausführungen müssen infolge fehlender Vorarbeiten weithin hypothetisch bleiben. Auf Lauffer und auf der von ihm zitierten Literatur fußen die späteren Untersuchungen zunächst und übernehmen in der Regel unkritisch Feststellungen selbst da, wo Lauffer diese in Frage gestellt hatte. Detailliertere Angaben über das Vertriebssystem, die Handelswege und die Absatzorte fehlen in allen diesen Publikationen ebenso wie Abbildungen von Beispielen, die für die betreffenden Regionen typisch sind.

Andererseits bilden zahlreiche Bände zum Thema ›Volkskunst‹ kunstvoll bemalte Exemplare ab, ohne irgendwelche Hintergrundinformationen dazu zu geben.[41] Selbst derartige Arbeiten aus Thüringen aus einer Zeit, in der noch Erkundungen bei dortigen Schachtelmachern und -malern möglich gewesen wären, begnügen sich mit vagen Vermutungen, abgesehen von dem kleinen Artikel von Johannes (1908). Jetzt sind vor Ort kaum noch Möglichkeiten vorhanden, das Versäumte nachzuholen.

Nur ein verschwindend geringer Anteil der ovalen Haubenschachteln – wohl mitteldeutscher Produktion mit Lochnaht – enthält unter der Boden- bzw. Deckelplatte große Brandmarken, die offensichtlich vor der Bemalung eingeschlagen worden sind (Abb. 9a b). Sie zeigen

Buchstabenkombinationen, wohl Monogramme, die zumeist in einer herzförmigen, seltener in einer ovalen, rechteckigen oder quadratischen Umrahmung stehen. Es dürfte sich um Herstellerzeichen handeln.[42] Ihre Auflösung ist bisher nicht gelungen. In den für die Hauptproduktionsgebiete in Thüringen zuständigen Archiven in Meiningen und in Weimar ließen sich weder Verordnungen noch andere Quellen ermitteln, die Hinweise auf derartige Kennzeichnungen geben.

Dröge bildet eine Schachtel ab, die in der Umschrift auf der Deckelplatte die Initialen ›I. G. G.‹ enthält, und meint, daß es sich da um die Initialen des Schachtelmalers handelt.[43] Das muß aber Vermutung bleiben. Genau so gut kann es sich um das Namenskürzel des Spruchautors handeln. Der Namenszug Johann George Holandt, der in Varianten auf mehreren Schachteln überliefert ist, dürfte sich nicht auf den Maler beziehen (vgl. dazu S. 79).

1956 hat Johanna Weiser im Zusammenhang mit einer Ausstellung aus der Schweriner Sammlung eine kleine Publikation vorgelegt, die im Anschluß an einen einleitenden knappen Überblick über das Thema ein Verzeichnis der damals gezeigten Schachteln enthält. Die Veröffentlichung, die gegenüber den älteren Arbeiten wenig Neues bietet, leidet ebenso wie diejenige von Joachim Naumann (1977), die ebenfalls eine Ausstellung begleitet hat, darunter, daß aus finanziellen Gründen nur wenige Beispiele abgebildet werden konnten. Demgegenüber zeichnen sich zwei andere Bände durch ein reiches Abbildungsmaterial aus: der Bestandskatalog der Spanschachtelsammlung des Westfälischen Freilichtmuseums Detmold (1979) von Kurt Dröge und die ergänzende Veröffentlichung desselben Verfassers (1979a). Einleitende Ausführungen in beiden Bänden bereichern unsere Kenntnis von der Spanschachtel im einzelnen. Das gilt insbesondere von der detaillierten

9a b Brandstempel auf ovalen Haubenschachteln des 19. Jhs., Herz mit »N K«, Oval mit »H N M«. H 5/2,5, B 5,5/4.

Untersuchung von Dröge, der erstmals auf die an einer Reihe von Schachteln angebrachten Brandmarken (vgl. oben) hingewiesen hat. Alle diese Publikationen benutzen als Grundlage eng umgrenzte museale Sammlungen, die offensichtlich ganz überwiegend bemalte Haubenschachteln mit bestimmten Motivgruppen enthalten, wie sie für die mitteldeutsche Produktion charakteristisch sind. Dadurch ist die Arbeitsgrundlage von vornherein eingeengt.

Den genannten norddeutschen Arbeiten vergleichbare Publikationen fehlen aus dem süddeutschen und alpenländischen Raum. Eine Reihe charakteristischer Beispiele historischer bemalter Schachteln von dort enthält der Band ›Alte bemalte Spanschachteln‹ von Hertha Wascher (2. Auflage 1983), der sich freilich in erster Linie als Anleitung zur heutigen Schachtelmalerei nach historischen Vorbildern versteht.

Die in Skandinavien und in Schleswig-Holstein verbreitete Sonderform, den ›klobb‹, hat Ernst Schlee[44] eingehend untersucht.

Im übrigen finden sich zahlreiche Einzelangaben zu unserem Thema vor allem in der Heimatliteratur sowie in volkskundlichen und nationalökonomischen Schriften unterschiedlichster Art, die aber einer strengen Quellenkritik zu unterziehen sind.

Herstellungszentren,
Hersteller und Absatz der Spanschachteln

Die traditionellen Zentren der Schachtelherstellung liegen in historischer Zeit in Mitteleuropa nur in jenen waldreichen Gebirgsgegenden, in denen die geeigneten Holzarten anzutreffen sind. Die frühesten Nachrichten stammen aus dem Berchtesgadener Raum, aus Thüringen und aus dem Erzgebirge. Offenbar wurde in anderen Regionen die Schachtelherstellung in nennenswertem Umfang erst seit dem 18. oder gar dem 19. Jahrhundert betrieben (vgl. unten).

Nach der herrschenden Meinung ist dieser Erwerbszweig ebenso wie die Herstellung von kleinen Holzwaren und von Spielzeug, die in den gleichen Regionen heimisch war, als Nebenbeschäftigung entstanden. Im Erzgebirge und im Thüringerwald nutzten die Bergleute so ihre Freizeit, bevor nach dem Niedergang des Bergbaus jene Holzarbeiten Haupterwerbszweig wurden. Ähnlich war die Situation im Berchtesgadener Gebiet. Hier arbeiteten Bergleute und Bauern in der Schachtelmacherei. Der Zuerwerb aus der Landwirtschaft blieb überall eine zwingende Notwendigkeit, um das Existenzminimum zu sichern. Ebenso lebensnotwendig war zumindest seit dem 19. Jahrhundert wegen der schlechten Bezahlung eine immense Arbeitsbewältigung, bei der in der Regel auch die Kinder vom jüngsten Alter an mithelfen mußten.

Einige alte Lexika und Handbücher führen aus, daß Schachtel- und Siebmacherei miteinander verbunden seien.[1] Spezielle Hinweise darauf fehlen jedoch.

Jene Angaben, nach denen die Schachtelmacherei unter anderen Holzhandwerken im Berchtesgadener Raum schon im 12. Jahrhundert Fuß gefaßt haben soll, konnten einer Nachprüfung nicht standhalten. Jedoch hatte die Schachtelherstellung hier bereits eine längere Tradition, als sie Anfang des 16. Jahrhunderts erstmals in der schriftlichen Überlieferung auftauchte.

Ein erstaunlich detailliertes Bild der Verhältnisse bietet bereits die Ordnung für die ›Träxl- und Hochzwerchs-, Löffel- und Spindelmacher‹, die der Propst Wolfgang von Berchtesgaden als damaliger Landesherr im Jahre 1535[2] erlassen hat.

Durch dieses Reglement wurden alle damaligen Holzhandwerker in der zunftartigen St. Sebastianibruderschaft zusammengefaßt. Im Laufe der weiteren Entwicklung schieden daraus nach Gründung eigener Zünfte 1585 die Pfeifenmacher und 1637 die Schnitzer aus.[3] Die St. Sebastianibruderschaft in ihrer Gesamtheit nahm in erster Linie kirchlich-religiöse und soziale Aufgaben wahr. Ihr traten im Laufe der Zeit auch zahlreiche Nichthandwerker bei. Unter dem Dach der Bruderschaft bildeten sich drei mit den Zünften vergleichbare Vereinigungen aus. Diese regelten die mit der Ausübung der darin vertretenen Handwerke verbundenen Angelegenheiten. Es handelt sich um

1. das Amt der Drechsler (mit Spinnradmachern und Beindrechslern),
2. das Amt der Schachtelmacher, dem die Stroheinleger zugeordnet wurden,
3. das Amt der Schaffelmacher mit unter anderem Böttchern, Flaschen- und Löffelmachern.

Diese Gruppen erhielten in der Folge je besondere Zunftordnungen, so 1629 die Gadel (= Schachtel-)macher. Für diese herrschte in Berchtesgaden Zunftzwang. Jeder Handwerker mußte sowohl der Zunft als auch der Bruderschaft angehören. Die Zunftordnung enthielt überwiegend Vorschriften, wie sie allgemein im damaligen Deutschen Reich für das Handwerk üblich waren.

Im Gegensatz dazu war den Berchtesgadener Holzhandwerkern und damit auch den Schachtelmachern bereits durch die frühen Ordnungen die Gesellenwanderung sowie die Abwanderung verboten. Man wollte so die Ausbreitung der besonderen Fachkenntnisse und damit die Entstehung einer unliebsamen Konkurrenz verhindern. Im Jahre 1659 wurde die Schachtelmacherzunft in Berchtesgaden ›geschlossen‹, das heißt aufgenommen wurden nur noch ›Grundbesitzer‹ und solche, die eine Meisterswitwe heirateten.[4] Wer aber unzünftig arbeitete, dem durfte das Handwerk gelegt werden: Er hatte eine Strafe zu entrichten, die weitere Ausübung wurde ihm verboten, seine Werkzeuge und seine fertigen Waren wurden vernichtet.

Einige Zahlen vermitteln einen Überblick über die Bedeutung und die Leistungsmöglichkeiten des Schachtelmacherhandwerks in Berchtesgaden: Die früheste Angabe, die aus dem Jahre 1596 stammt, nennt in der Propstei an Gadel-, das heißt Schachtelmachern, 150 Meister, 62 Gesellen und 17 Lehrlinge sowie außerdem in Salzberg 15 Bergknappen, die sich nebenberuflich mit der Schachtelherstellung beschäftigten (zum Vergleich: gleichzeitig gab es 86 Drechslermeister mit 50 Gesellen und 14 Lehrlingen).[5] Im Jahre 1652 hingegen zählte man hier bei einer Einwohnerzahl von 5067 Personen 111 Schachtelmacher, aber 122 Drechsler (wohl in beiden Fällen Meister).[6] Im Jahre 1805 werden 237 Meister des Schachtelmacherhandwerks aufgeführt (Angaben über die Gesellen fehlen),[7] 1848 nur noch 163 Meister mit 75 Gesellen sowie 103 unzünftig Arbeitende.[8] In der Berufszählung von 1882 sind dagegen nurmehr insgesamt 141 Schachtelmacher erfaßt.[9] Im Jahre 1887 ist ihre Zahl auf 134 zurückgegangen[10] und entwickelt sich in der Folge weiter rückläufig. Heute arbeiten hier noch zwei Schachtelmacher.

Die anspruchsvollere Malerei auf Schachteln wurde in der Regel durch die besondere Gruppe der Schachtelmaler ausgeführt. Im Jahre 1805 sind im Berchtesgadener Raum insgesamt 17 Maler festgestellt worden, davon sechs im Markt selbst, je fünf in Markt Schellenberg und in der Schönau sowie einer in Salzberg.[11] Ob sich hier, wie in der österreichischen Viechtau,[12] auch Frauen mit der Schachtelmalerei beschäftigt haben, ist unklar. Im Gegensatz zur Malerei war die Schachtelmacherei im Berchtesgadener Raum – wie übrigens auch in den anderen Produktionsgebieten – ein ländliches Gewerbe. So waren im Jahre 1596 von den 150 in der Propstei Berchtesgaden gemeldeten Meistern nur acht im Markt selbst ansässig,[13] im Jahre 1805 betrug dieses Verhältnis von Land zu Markt 237 zu 2,[14] im Jahre 1848 163 zu 1.[15]

Außer in der Propstei Berchtesgaden wurde die Schachtelmacherei offenbar nur in Nürnberg als Handwerk eingestuft, von wo ebenfalls eine Handwerksordnung für diese vorliegt.[16] Jedoch ist die Schachtelmacherei hier – wie auch sonst – nach ihrem Charakter als typische Heimarbeit einzustufen, die ohne besonderen Werkstattraum in der Wohnung unter Mithilfe der Familienangehörigen ausgeführt wurde. Im Berchtesgadener Gebiet war der einzelne Schachtelmacher übrigens dahingehend festgelegt, daß er nur Schachteln einer bestimmten Größenordnung fertigen durfte.[17]

Seit dem ausgehenden 17. Jahrhundert gerieten die Anhänger des Protestantismus im Berchtesgaden-Salzburger Raum, zu denen auch Schachtelmacher gehörten, mit dem Erstarken der Gegenreformation zunehmend in Schwierigkeiten. Das führte zu ihrer Abwanderung in protestantische Territorien.[18] Seit 1708 lassen sich so mehrere Schachtelmacher aus einer Familie Kranawetsvogel, die zuvor in Au und Gern bei Berchtesgaden ansässig waren, in Nürnberg nachweisen.[19] Spätere Abwanderer mußten sich verpflichten, sich dort nicht niederzulassen. Man wollte so verhindern, daß in dem bedeutenden Handelszentrum, in dem auch Berchtesgadener Schachteln und Spielzeug umgesetzt wurden, eine unliebsame Konkurrenz entstand. So kam im Jahre 1733 eine größere Gruppe Berchtesgadener in das Kurfürstentum Hanno-

ver,[20] darunter nach Göttingen die Schachtelmacher Andreas Bernegger (mit Familie) und Martin Renoth aus Gern, in das Amt Nienover
im Solling Michael Bernegger, ebenfalls aus Gern, nach (Hanno-
versch-)Münden die Familie Pfnür aus Au. Entgegen den Vermutungen Otto Lauffers[21] haben sich dagegen in Einbeck keine dieser alpenländischen Schachtelmacher niedergelassen. Aus verschiedenen Gründen waren die Zuwanderer in ihrer neuen Heimat in ihrem angestamm-
ten Gewerbe – ebenso wie die Holzschnitzer – wenig erfolgreich. Arbeiten von ihrer Hand haben sich offenbar nicht erhalten. Die Göttin-
ger Holzhandwerker wanderten bereits 1735 nach Altdorf bei Nürnberg ab,[22] eingedenk des Versprechens, sich nicht in der Reichsstadt
selbst niederzulassen. Auch an ihrem neuen Heimatort hatten sie mit
großen wirtschaftlichen Schwierigkeiten zu kämpfen.

Abgesehen von dem Fehlschlag bei der Niederlassung der Immigran-
ten, hat die Schachtelmacherei auch sonst im Weser- und im Leine-
bergland ebensowenig Fuß fassen können wie im Harz. Offensichtlich
hat man die Ansiedlung dieses Gewerbes hier versucht, denn gelegentlich werden in statistischen Übersichten einzelne Vertreter erwähnt,
ohne daß sie indes über einen auch nur etwas längeren Zeitraum faßbar
sind. So wird 1745 ein ›Schachtel- und Siebmacher‹ im braunschweigischen Amte Stauffenburg am südlichen Harzrand angeführt,[23] 1772
ein anderer im benachbarten Bergbauort Gittelde,[24] 1792 ein dritter in
der Stadt Osterode am Harz[25] und 1754 wieder ein anderer in der
Landstadt Holzminden an der Oberweser.[26] Es scheint, daß sie alle, da
für ihre Arbeit geeignetes Holz hier nicht vorhanden war, Importe aus
den Zentren der Schachtelherstellung nicht ersetzen konnten, wie es im
Sinne der damals herrschenden merkantilistischen Wirtschaftsauffas-
sungen von Staats wegen gefordert wurde.

Als zweites altes Zentrum der Schachtelmacherei ist neben Berchtesgaden der südöstliche Thüringerwald zu nennen. Überwiegend handelt
es sich um den Teil, der als Meininger Oberland bis zur politischen
Neuordnung nach dem Ersten Weltkrieg zum Herzogtum Sachsen-
Meiningen gehörte. Die detaillierte Kenntnis darüber ist in jeder Hinsicht gering, wiewohl die Schachtelmacherei als dortiger wichtiger Erwerbszweig in allen älteren Publikationen angeführt wird.[27] Nach
Fugmann ist diese in Thüringen in den ländlichen Orten Steinheid und
Steinach, die nordwestlich des Städtchens Sonneberg hoch im Gebirge
liegen, seit Mitte des 16. Jahrhunderts nachweisbar,[28] vermutlich hier
aber deutlich älter. Gleiches gilt für den nahegelegenen Ort Judenbach,
der zur Zeit des Frachtwagens ein wichtiger Haltepunkt auf der Route
von Nürnberg nach Mitteldeutschland war.[29] Im Jahre 1670 werden in

Steinach 26 Schachtelmacher aufgeführt, in Steinheid 19.[30] In letzterem findet man 1797 zehn Vertreter des Gewerbes, darunter die folgenden, teilweise mit dem Hinweis »Bauer und Schachtelmacher«: Stephan Höhn, Johann Michael Hahn, Conrad Geyer, Johann Adam Zizmann, Karl Siegmund Leibhold, Johann Andreas Höhn, Johann Michael Köhler, Michael Leibhold.[31] Im Jahre 1811 war die Zahl der Schachtelmacher in Steinheid bereits auf 28 angestiegen,[32] 1853 auf etwa 70[33] (ohne mithelfende Familienangehörige).

Nach statistischen Unterlagen aus dem Jahre 1840 wurden damals im Meininger Oberland von Verlegern aus Sonneberg 100 Schachtelmacherfamilien beschäftigt, zu denen 518 Personen gehörten.[34] Die Mehrzahl der Familienangehörigen half bei der Schachtelfertigung. Diese war damals hier der drittstärkste Beschäftigungszweig nach der Drechslerei und Holzschnitzerei (264 Familien mit 1416 Personen) und der Griffelmacherei (110 Familien mit 550 Personen). Im Jahre 1867 werden neben den drei genannten Orten als Zentren der Schachtelmacherei in Thüringen angeführt Sigmundsburg, Mellenbach, Lauscha (1872 hier 60 Familien tätig) und Meuselbach.[35] In letzterem sollen damals jährlich etwa 30–40 Millionen (!) kleiner und kleinster Schachteln produziert worden sein. Dazu benötigte man etwa 450 Klafter und 400 Block Holz.[36] In Lauscha war die Schachtelmacherei auf bestimmte Ortsteile konzentriert, auf Unterlauscha und die sogenannte Bätzenecke.[37] Als dortige Produzenten werden genannt die Familien Bätz, Köhler, Leipold, Gitter, Weschenfelder, Menger und Greiner.[38] Außerdem gab es in jener Zeit Schachtelmanufakturen in Suhl (Firma Harras), in Schleusingen (Firma Schwarze) und in Gräfenroda (Simon Kühn).[39] Unklar ist, ob diese Firmen die Ware in Heimarbeit herstellen ließen oder selbst Produktionsbetriebe waren.

Schon in den 1880er Jahren verringerte sich mit der Ausbreitung der Kartonagen und Blechverpackungen die Schachtelproduktion in Thüringen außerordentlich. So wird 1889 aus dem Kreis Schleusingen, zu dem das Meininger Oberland damals gehörte, berichtet, daß dieser Erwerbszweig hier »früher bedeutend« gewesen, »jetzt aber stark zurückgegangen« sei.[40] Gegenwärtig lassen sich in Thüringen keine Gewährsleute mehr finden, die sich an die Schachtelherstellung aus eigener Anschauung erinnern können. Erwähnt sei noch, daß die Firma Geyer und Co. in Eisfeld in Thüringen keine alte Tradition fortgesetzt hat, vielmehr erst nach dem Zweiten Weltkrieg von einem Heimatvertriebenen gegründet worden ist. Hier ist die Schachtelproduktion bereits nach kurzer Zeit um 1960 wieder aufgegeben worden.

Offensichtlich wurde in Thüringen – wie im Berchtesgadener Raum –

nur ein Teil der Schachteln bei den Herstellern selbst bemalt. Es scheint, daß man dann nur wenig aufwendige Dekors anbrachte, wie es aus Lauscha überliefert wird. Diese Arbeit überließ man gern Frauen. Um 1670 zählte man in Sonneberg in Thüringen und Umgebung zwölf Malerwerkstätten, in denen unter anderem Schachteln dekoriert wurden. Im Jahre 1729 waren hier in diesem Metier bereits 29 Meister tätig.[41] In Steinach im Thüringerwald werden andererseits 1811 »7 hölzerne Waren-Maler« genannt.[42] Aus der zweiten Hälfte des 19. Jahrhunderts sind hier 11 Schachtelmaler bekannt: Philipp, Christoph Luthardt, Christoph, Jakob, Nikol, Michael und Kasper Greiner, dazu Gottlob Greiner, Vater und Sohn sowie Christoph Wagner.[43] Von diesen arbeitete 1908 nur noch der 1835 geborene Michael Greiner, in dessen Familie sich das Gewerbe des Schachtelmalers bis in das 17. Jahrhundert zurückverfolgen läßt. Als weitere thüringische Zentren der Schachtelmalerei gelten Judenbach und Neuenbau bei Sonneberg sowie Schnett und Fehrenbach hoch oberhalb des Städtchens Eisfeld.

Freilich ist diese Tätigkeit hier bereits vor so langer Zeit eingeschlafen, daß sich auch die ältesten Einwohner nicht mehr daran erinnern können. Schmolitzky vermutet weitere ›größere Werkstätten‹ für die Schachtelmalerei nördlich des Thüringerwaldes, ohne einzelne Orte zu benennen.[44] Vom Gebirge aus wurde jene Tätigkeit auch in das an seinem südlichen Rande gelegene Städtchen Neustadt bei Coburg übernommen. Als erster Schachtelmaler ist hier Andreas Greiner seit 1748/49 nachweisbar.[45] In seiner Familie setzte sich dieses Gewerbe bis weit in das 20. Jahrhundert hinein fort (Abb. 10). Als letzter hat hier der 1944 im hohen Alter verstorbene Georg Greiner die Schachtelmalerei kommerziell betrieben. Er arbeitete ebenso wie sein noch im 20. Jahrhundert ebenfalls in Neustadt tätiger Kollege Reißmann für Verleger in Sonneberg, die die rohen Schachteln lieferten. Auch in Reißmanns Familie war die Schachtelmalerei bereits seit Mitte des 18. Jahrhunderts vererbt worden. So ist ein Christoph Konrad Reißmann bei dem erwähnten Andreas Greiner seit 1759 als Geselle nachweisbar.

Die verschiedentliche Erwähnung von »Schachtelleuten aus dem Erzgebirge« in Dresden, die freilich erst zu Beginn des 17. Jahrhunderts einsetzt, ist einer der wenigen Hinweise auf die dortige Produktion.[46] Fritzsch geht davon aus, daß die Schachtelherstellung bereits zuvor im Mittelerzgebirge im Gebiet von Olbernhau heimisch war. Hier hat Roland Schmidt, der Leiter des Freilichtmuseums in Seiffen im Erzgebirge, in den Dörfern Halbach und Rübenau noch nach dem Zweiten

10   Der Schachtelmaler Georg Greiner (1852–1944) in seiner Werkstatt in Neustadt bei Coburg, um 1940.

Weltkrieg die letzten Schachtelmacher angetroffen und deren Werkzeuge für sein Museum übernehmen können. Im Westerzgebirge wurden Schachteln in dem Ort Bockau produziert,[47] die als Verpackung für Arzneien dienten.

Julius Ernst von Schütz berichtet andererseits 1770, daß ». . . besonders in den Dörfern Grünhaynichen, Borstendorf und Leubsdorf«, die in der Randzone des Erzgebirges südlich des heutigen Karl-Marx-Stadt liegen, »Kästen und Schachteln von unterschiedlicher Art und Größe . . .« hergestellt würden. Unklar bleibt, ob in allen diesen Orten tatsächlich produziert wurde oder ob hier nicht nur Aufkäufer die in den kleinen Gebirgsorten gefertigten Schachteln sammelten, um sie teils leer, teils gefüllt mit Spielwaren weiterzuverkaufen. Nachgewiesen ist dagegen, daß in Grünhainichen im 18. Jahrhundert Schachteln bemalt wurden.[48]

Um 1840 war die Schachtelherstellung im damaligen Königreich Sachsen bereits zurückgegangen. Wieck[49] verzeichnet damals hier nur noch 102 Schachtelmacher (zum Vergleich: aber 236 Uhrmacher, 2356 Tischler, 10 085 Schuhmacher und Schuhflicker).

Josef Blau hat Anfang des 20. Jahrhunderts die Schachtelmacherei im Böhmerwald untersucht (Abb. 11).[50] Er kommt zu dem Ergebnis, daß

11 Schachtelarbeiter des Dorfes Althütten im südlichen Böhmerwald zu Beginn des 20. Jhs., aus J. Blau: Böhmerwälder Hausindustrie und Volkskunst 1917, Abb. 138.
Typische Tätigkeiten der Familienmitglieder: links Männer, die Hölzer schneiden; vorn Kinder mit Schachtelböden; in der Mitte ein Mann, der mit einem Holzschlegel Böden ausstanzt; auf der sogenannten Heinzenbank wird das Holz für den Spanhobel vorbereitet; dieser auf der Bank rechts in Funktion; weiterhin Mädchen beim Kleben von Schachteln und mit zum Trocknen in Kluppen eingespannten Exemplaren.

diese hier in den Bezirken Taus und Tachau erst in den 1860er Jahren in Verbindung mit dem Aufkommen der Zündholzproduktion begonnen worden ist. Dagegen gibt J. Granlund den Bericht eines Gewährsmannes aus dem westböhmischen Museum in Pilsen wieder, nach dem im Gebiet von Taus seit der zweiten Hälfte des 18. Jahrhunderts und bis etwa 1850 die Herstellung und Bemalung größerer Schachteln nachgewiesen ist.[51] Um 1890 vertrieb der ›Hausindustrielle‹ und Schachtelmacher Josef Wagner in Tachau seine Produkte auf ›eigene Rechnung‹,[52] ohne daß ersichtlich wird, ob er Heimarbeiter beschäftigte. In dem diesem Gebiet benachbarten Bayerischen Wald, in der

Gegend von Furth, stellte man im 19. Jahrhundert ebenfalls Schachteln her, die überwiegend an Nürnberger Händler abgesetzt wurden.[53] Um 1890 wurde auch im Gebiet von Rokitnitz (heute Rokytnice) im südlichen Adlergebirge in einer Reihe von Orten, so in Ribnay, Groß-Stibnitz, Batzdorf, Bärnwald und Kronstadt, die Schachtelmacherei als Hausindustrie betrieben. Die wirtschaftlich schlechte Situation der Heimarbeiter wird daran deutlich, daß damals der ›Bund der Deutschen in Ost-Böhmen‹ diesen durch Gewährung von Vorschüssen und Darlehen die Situation zu erleichtern versuchte.[54] Auch in Klein Zimmern östlich von Darmstadt sollen in Verbindung mit der Zündholzfabrikation Schachteln gefertigt worden sein.[55] Walter Stolle, Hessisches Landesmuseum Darmstadt, hat ihre Herstellung, nicht aber die Schachtelmalerei, für eine Anzahl Dörfer des Odenwaldes zumindest im 19. Jahrhundert nachweisen können.

Weiterhin beschäftigte man sich zumindest im 19. Jahrhundert in einer Anzahl von Dörfern im Gebiet von Aalen in Württemberg mit der Schachtelmacherei. Eine Statistik von 1842 nennt hier 55 Schachtelmachermeister (!) und zwei Gehilfen.[56] Auch im Schwarzwald kam dieses Gewerbe vor. Nachgewiesen werden konnte es hier bisher nur im ehemals badischen Bernau bei St. Georgen. Ende des 19. Jahrhunderts gab es in diesem Zentrum der kleinen Holzarbeiten, der Holzschneflerei, wie es mundartlich heißt, immerhin 30 Schachtelmacher.[57] Inzwischen ist dieses Gewerbe hier längst ausgestorben. Die Erinnerung daran aber wird durch eine Werkstatteinrichtung im Heimatmuseum in Bernau wach gehalten. Die Schachtelmalerei soll im Schwarzwald von den gleichen Malern ausgeübt worden sein, die die Uhrenschilder farbig dekorierten.

Über die Schachtelherstellung und -malerei in Frankreich ließen sich kaum Materialien finden. Die Produktion soll in den Vogesen und im Zentralmassiv[58] heimisch gewesen sein. Erwähnt sei weiter, daß – zumeist erst im 19. Jahrhundert – in verschiedenen anderen europäischen Waldgebirgen kleine Produktionszentren entstanden sind, so im Altvater- und im Isergebirge (Abb. 72).[59] Eine Sonderstellung hat Nord- und Nordosteuropa (vgl. S. 83 ff.).

Ein Hauptabnehmer der Schachteln wie auch der übrigen Holzwaren aus Berchtesgaden war Österreich. Hier entwickelten sich seit dem Beginn des 18. Jahrhunderts eigene Produktionsstätten. Sie bildeten eine starke Konkurrenz für Berchtesgaden, zumal sie die besondere Protektion der Kaiserin Maria Theresia genossen. Um 1700 wurde die Fertigung vornehmlich von Spielzeug im Grödner Tal in Südtirol aufgenommen.[60] Die Vermutung, daß hier auch Schachteln hergestellt wur-

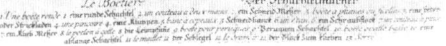

12/13 *Schachtelmacher und Schachtelmacherin mit ihren typischen Werkzeu-*
gen, Kupferstiche von Martin Engelbrecht aus »Neu eröffnete Sammlung der
mit ihren Arbeiten und Werckzeugen eingekleideten Künstlern, Handwerk-
kern und Professionen«, Nr. 187 und 188, um 1730.

den, konnte bisher nicht einwandfrei belegt werden. Rita Stäblein, die
sich intensiv mit dem alten Holzspielzeug aus Gröden beschäftigt hat,
verneint dieses ausdrücklich.[61] So hat sie weder in älteren Preislisten
noch in Musterbüchern Schachteln ermitteln können. Mehrere Museen besitzen allerdings Schachteln, die im Grödnertal erworben worden sind, deren Malweise jedoch nicht völlig mit der übereinstimmt,
die eindeutig dem Berchtesgadener Raum zuzuweisen ist. In Vöckla-
bruck nördlich des Attersees sowie in der benachbarten Viechtau, einem kleinen Gebiet zwischen Traun- und Attersee mit dem Zentrum
Neunkirchen, ist dagegen die Schachtelproduktion nachweisbar.[62]
Nach einer Übersicht von 1782 wurden in diesem Jahre in der Viechtau
von »27 Leuten 58 708 Dutzend Schachteln, Rößln und anderer
Schnitzarbeit« hergestellt.[63] 1863 waren hier 17 Familien bei der Herstellung von Schachteln tätig, um 1880 aber nur sieben Familien mit
13 Personen; 1910 acht Familien mit 19 Personen.[64] In der Viechtau

blieb die Herstellung von Gebrauchsschachteln bis in die Zeit vor dem Zweiten Weltkrieg üblich, während heutzutage nur noch ›Andenkenware‹ produziert wird. Aus alter Tradition arbeitet in der Viechtau nur noch Alfred Pesendorfer auf persönliche Bestellung.[65]

Ein anderes Produktionsgebiet befand sich im damals zu Österreich, heute zu Jugoslawien gehörenden Krain in der Gegend von Reifnitz (heute Ribnica) am Rande der Gottschee. Um 1890 wurden hier jährlich etwa 20 000 Schachteln hergestellt. Mit dem Handel beschäftigte sich hauptsächlich eine Firma M. Pakiz.[66]

Über schweizerische Zentren der Schachtelproduktion wissen wir wenig. 1793 soll diese durch einen aus dem Schwarzwald stammenden Handwerker in Interlaken eingeführt und von dort aus im Berner Oberland verbreitet worden sein.[67] In Verbindung mit dem Aufkommen der Zündholzherstellung entwickelte sich hier das Gebiet von Frutigen zu einem Zentrum der Schachtelmacherei.[68] In Wengi-Frutigen unweit von Adelboden wird übrigens noch heute von der Firma Bühler-Holzspan die Produktion aufrechterhalten. Das nahegelegene Schweizer Freilichtmuseum Ballenberg bei Brienz hat eine alte Spanzieherei, in der regelmäßig praktische Vorführungen durchgeführt werden.

Wiederholt wird der überaus kärgliche Verdienst der Schachtelmacher und -maler hervorgehoben, der obendrein konjunkturabhängig schwankte und sich in der zweiten Hälfte des 19. Jahrhunderts bei steigendem Holzpreis deutlich verringerte. Ein bezeichnendes Schlaglicht auf die schlechte Lohnsituation im Thüringer Produktionsgebiet wirft ein Bericht aus der Mitte des 18. Jahrhunderts aus der Landstadt Helmstedt bei Braunschweig.[69] Die dortigen Drechsler verkauften damals aus Thüringen importierte bemalte Schachteln, vermutlich die großen Haubenschachteln, zu vier Gute Groschen das Stück, während hierzulande gleichzeitig 1 Pfund bestes Rindfleisch 2 Mariengroschen 6 Pfennig kostete, 1 Roggenbrot von 1 Pfund 20 Lot 1 Mariengroschen.[70] Würden die Drechsler die gleichen Schachteln nur im Braunschweigischen haben bemalen lassen, so müßte das Stück, wie sie glaubwürdig versichern, das Vierfache kosten.

Im übrigen liegen über die Preise der Schachteln und die Verdienste der Hersteller Angaben erst seit Mitte des 19. Jahrhunderts vor, als sich die Lage der Heimarbeiter allgemein sehr verschlechtert hatte. 1840 wird aus dem Erzgebirge mitgeteilt, daß hier der wöchentliche Verdienst eines Herstellers großer Schachteln bei einem Taler lag, bei Fertigung ›mittlerer Schachteln‹ bei nur 20 Groschen, bei den kleinen gar bei nur 12 Groschen. Eine große Schachtel wurde im Erzgebirge da-

mals mit 5–6 Groschen, ein Schock mittlerer (also 60 Stück) mit einem Taler 8 Groschen, oft aber nur mit 15–20 Groschen bezahlt, ein Schock kleine nur mit 3–5 Groschen.[71] Im Berchtesgadener Raum erhielt um 1860 der ›Produzent‹ für einen Satz von 6 Schachteln, deren größte eine Länge von etwa 53 cm hatte, 2 Gulden, 36 Kreuzer.[72]
Die Preise in dieser Region in der Zeit um 1900 teilt Marie Eysn mit:[73]

Der Satz länglicher mit 4 Stück:

die kleinste	die größte	unbemalt	bemalt
10 cm	16 cm	8 Pf	12 Pf

Der Satz länglicher mit 6 Stück:

die kleinste	die größte	unbemalt	bemalt
10 cm	20 cm	12 Pf	18 Pf

Der Satz länglicher mit 12 Stück:

die kleinste	die größte	unbemalt	bemalt
24 cm	35 cm	35 Pf	45 Pf

Der Satz vierseitiger mit 18 Stück:

die kleinste	die größte	unbemalt	bemalt
8 cm	44 cm	2,50 M.	nicht hergestellt

Blau andererseits hat im Böhmerwald ermittelt,[74] daß hier 1872 der Verdienst eines Schachtelmachers bei täglich einem Gulden lag. Vor dem Ersten Weltkrieg verdiente hier ein Hersteller von Zündholzschachteln, der täglich ein volles Tausend davon fertig brachte, daran 1 Gulden 20 Kronen. Blau berichtet weiter von einem Preisverfall, der auf das rigorose Verhalten der Aufkäufer zurückging. Dadurch sei eine Familie, die bei angestrengtester Mithilfe der kleinen Kinder vom fünften Jahre an ›früher täglich zwei Kronen verdient‹ habe, um 1900 bei gleicher Leistung nur noch auf ›80 Heller pro Tag‹ gekommen. Geliefert wurde an drei bis vier Händler, die ihre Abnehmer in Nürnberg, in Prag und in Rußland hatten.
Aus Lauscha in Thüringen ist überliefert,[75] daß dort das Tausend – wohl kleiner – Schachteln in der zweiten Hälfte des 19. Jahrhunderts mit einem Gulden 10 Kreuzern berechnet wurde, der wöchentliche Verdienst einer Familie bei 4¹/₂ Gulden 50 Kreuzern lag. Um wenigstens diesen zu erreichen, mußte von sechs Uhr in der Frühe bis 11 Uhr abends bei nur ganz kurzen Unterbrechungen gearbeitet werden. Gleichzeitig kostete hier ein ›Schafskopf‹, der einmal wöchentlich für die einzige Fleischmahlzeit gekauft wurde, schon sechs Kreuzer!

Verantwortlich gemacht wird für diese Verhältnisse in erster Linie das Handelssystem, dann aber auch die mangelhafte Gewandtheit und Kenntnis der Hersteller.

Die wirtschaftliche Lage und in Abhängigkeit davon die Lebensverhältnisse, aber auch der Bildungsstand der Schachtelmacher waren von einer heute schwer vorstellbaren Armseligkeit und Enge. Die anschauliche Schilderung dieses Milieus, die Max von Armansperg 1889 aus dem Berchtesgadener Raum gibt, spiegelt trefflich die allgemein herrschende Situation:[76]

»In seinem häuslichen Anwesen, oft hoch im Gebirge, von dem gewöhnlichen Verkehrsleben stundenweit entfernt, obliegt der Landmann in freien Stunden der Hausindustrie. Die geräumige nicht sehr hohe Wohnstube, je nach ihrer Größe von vier oder sechs Fenstern beleuchtet, ist zugleich die Werkstätte. In einem dem großen Kachelofen eingemauerten Kessel brodelt das Wasser zum Abkochen des Beifutters für das Vieh, in einem Rohr kocht der Leim zum Befestigen einzelner Teile . . . Dort sind an schattiger Stelle gleichmäßig geformte astlose Holzscheiter aufgeschichtet, denn ein Schachtelmacher hat daselbst seine Werkstätte aufgeschlagen. Am Ende der Woche bringt der Hausvater [in anderen Regionen auch die Hausmutter] seine Erzeugnisse hinab zum Verleger nach Berchtesgaden, nach Reichenhall oder nach Hallein . . . Es wird meistens nur gegen Barzahlung abgeliefert, denn die Hausfrau wartet schon auf das Geld, um die Nahrung für die kommende Woche, um neues Material kaufen zu können. Nimmt der Verleger die Ware nicht ab, so herrscht Not im Hause. Die Bezahlung ist daher gering, da der Absatz in der Regel um jeden Preis stattfinden muß.«

Verschiedene Spanschachteln selbst, wie etwa die mittelalterlichen Stücke aus dem Augustinerchorfrauenstift in (Salzgitter-)Steterburg und dem Zisterzienserinnenkloster Wienhausen bei Celle, insbesondere aber schriftliche Zeugnisse weisen auf einen weitausgreifenden Schachtelhandel bereits in verhältnismäßig früher Zeit hin. Einige Zufallsfunde dafür seien hier angeführt: In der Hofhaltsrechnung Herzog Albrechts VI. von Bayern, des Leuchtenbergers, von 1621, findet sich eine Ausgabe von einem Gulden »umb große Schachtln«, die wohl aus Berchtesgaden stammten. Die bayerische Hofhaltsrechnung von 1625 vermerkt andererseits unter dem 25. Juli »von einem Perchtesgadner Holzcramer 28 groß und clain Gstatln . . .« gekauft. Im Jahre 1671 aber wurden von der Frauenabtei Niedernburg in Passau dem »Hannsen Käser von Berchtoldtsgaden wegen unterschiedlich genommener Schachtln« fünf Gulden 36 Kreuzer gezahlt.[77]

Für den Vertrieb der Schachteln gilt, was allgemein für jene gefragten Güter des gehobenen Bedarfs festzustellen ist, die nur in bestimmten Regionen hergestellt werden konnten und daher von hier auch über

weite Entfernungen exportiert wurden. Den Herstellern und den End-
verkäufern beziehungsweise Endverbrauchern waren Handelsleute
zwischengeschaltet. Zum Teil waren das Hausierer, die an der Haustür
der Kunden oder auf Messen und Märkten den Verkauf übernahmen.
So beschwerten sich beispielsweise seit Beginn des 18. Jahrhunderts
die Dresdner Drechsler wiederholt über die Konkurrenz, die ihnen auf
dem dortigen Weihnachtsmarkt, dem berühmten Striezelmarkt, die
›Schachtelleute‹ aus dem Erzgebirge machten, die nichts selbst ›fabri-
zierten‹.[78]

Zum größten Teil vollzog sich der Absatz der Schachteln mit Hilfe eines Zwischenhandels, der die Form des Verlagssystems hatte, nicht
selten in Gestalt des Trucksystems. Einen Hauptumschlagplatz bildete
langhin Nürnberg sowohl für Berchtesgadener wie für Thüringer und
erzgebirgische Holzwaren, darunter auch Schachteln.

Ein interessantes Zeugnis für den Zwischenhandel ist aus Berchtesgaden bekannt: Im Jahre 1584 privilegierte der damalige Fürstpropst einen Lienhard Fürstenauer aus Nürnberg,[79] der in dortigen Archivalien
sowohl als Schachtelmacher wie als -maler und -händler erscheint,[80]
dahingehend, daß dieser sechs Jahre lang bestimmte Sätze Berchtesgadener Schachteln ausschließlich von hier beziehen und vertreiben durfte. Fürstenauer beschäftigte übrigens in Nürnberg mehrere Schachtelmaler gegen die Einwände der dortigen Malerzunft.[81]

Für Mitteldeutschland besaß die Leipziger Messe eine ähnliche Funktion wie Nürnberg für den Süden. Für Norddeutschland einschließlich
weiter Teile Westfalens und bis in die Niederlande hinein erfüllte die
Braunschweiger Messe eine vergleichbare Aufgabe. Von diesen Messen oder aber von Wanderhändlern bezogen in den Städten und Flek-
ken ansässige Drechsler, Sieb- und Korbmacher Spanschachteln zum
Wiederverkauf. Mitte des 18. Jahrhunderts wurden so die Drechsler in
der Landstadt Helmstedt von ›Leuten aus Thüringen‹ beliefert, deren
Wohnort sie angeblich nicht nennen konnten.[82]

Es steht zu vermuten, daß einzelne Werkstätten beziehungsweise
Werkstattgruppen sowohl in der Herstellung wie der Malerei für bestimmte Absatzgebiete oder -orte gearbeitet haben. So haben sich einige Schachteln mit für Thüringer Erzeugnisse typischen Darstellungen erhalten, die in ihren Sprüchen die Namen von Märkten in Lüchow
sowie in den nahegelegenen Orten Satemin und Crivitz anführen,[83]
eine andere nennt den Markt in Helmstedt.[84] Leider ließen sich keine
Hinweise auf die Herkunft der Stücke ermitteln. Beispiele des ›thürin-
gischen Typs‹ der Bemalung lassen sich übrigens bis weit nach Dänemark hinein feststellen. Im übrigen lassen sich Handelsbeziehungen

und -wege im einzelnen häufig im nachhinein nur durch Zufälle oder überhaupt nicht mehr aufklären. So konnte auch nicht ermittelt werden, woher der Hamburger Kaufmann Frantz Steinmetz jene ›2 Vaete‹ (= Fässer), Schachteln, bezogen hatte, die er am 8. September 1630 verzollte und auf denen sich ein besonderes Signum des Absenders befand.[85]

Seit im 17. Jahrhundert die schriftliche Überlieferung umfangreicher wird, finden wir Hinweise auf Verlagshäuser in den zentralen Orten der Herstellungsgebiete beziehungsweise an ihren Rändern in verkehrsgünstiger Lage. Für das Erzgebirge sind da Olbernhau, Heidelberg bei Seiffen sowie Waldkirchen und Grünhainichen im Flöhatal südlich des heutigen Karl-Marx-Stadt zu nennen. Bereits 1613 ist ein Holzwarenhändler aus Grünhainichen auf der Leipziger Messe nachweisbar.[86]

Für Thüringen gilt Sonneberg als zentraler Verlagsort. Aber auch im nahen Steinach, einem Zentrum der Schachtelmacherei und -malerei, gab es um 1781 zwei Handelsleute, »welche mit Schachteln und andern Holzwaren auf die Messen gingen und Kaffee, Zucker und Gewürz wieder mit zurück brachten«.[87] Von 1830–36 agierte hier die Exportfirma Michael Greiner, »die ganze Wagenladungen bemalter Zucker- und anderer Schachteln ins Mecklenburgische schickte«.[88]

Im Berchtesgadener Raum waren Verleger im Markt selbst ansässig, aber auch in Schellenberg, Reichenhall und Hallein. Aufgehellt sind die Geschäftsbeziehungen des Verlegers Prehauser in Schellenberg im 2. Viertel des 18. Jahrhunderts.[89] Nicht nur in Nürnberg und Sonneberg besaß dieser Korrespondenten, sondern auch in den Niederlanden, in verschiedenen oberitalienischen Städten und in Prag. Aber er lieferte wohl auch nach Norddeutschland. Hier herrschte indes ebenso wie in Dänemark thüringische Ware vor.

Zumindest seit dem Beginn des 19. Jahrhunderts zählten zu den Abnehmern von Berchtesgadener Schachteln auch Rußland, Frankreich, Spanien und die Neue Welt.

Marie Eysn schließlich berichtet aus der Zeit um 1900,[90] daß damals die ›bemalten länglichen‹ Schachteln Berchtesgadener Herkunft überwiegend in die unteren Donauländer, nach Griechenland und in den Vorderen Orient exportiert wurden. Nach dort ging im ausgehenden 19. und zu Beginn des 20. Jahrhunderts auch der Hauptteil der in der Viechtau hergestellten bemalten und unbemalten Schachteln.[91] Zumindest in dieser Zeit wurde das kleinste Modell in immensen Stückzahlen nach Semlin bei Belgrad geliefert und von hier – gefüllt mit Schminke – im Vorderen Orient abgesetzt.[92]

Die Verlegerfirma Pesendorfer in Altmünster am Traunsee bot beispielsweise in ihrem Versandkatalog für 1905/06 vier Schachteltypen in verschiedenen Größen an.[93]

Die Benachteiligung der Produzenten durch Aufkäufer oder Verleger wird häufig unter sozialkritischem Aspekt sowohl von Zeitgenossen als auch von späteren Forschern hervorgehoben. Stellvertretend für andere sei aus dem Reisebericht zitiert, den der Prager Beamte J. E. Mader 1809 veröffentlicht hat:[94]

»Noch besuchten wir Wallners Niederlage des verkäuflichen Berchtesgadener Kunstfleißes. Diese Verleger sind der Ruin der Bevölkerung und der Vervollkommnung der Kunst. Denn indem sie den Arbeitern die Spielwaaren um einen Preis abdringen, der sie gerade vor dem Hungertode schützt und sie noch am Materiale und an den Lebensmitteln, die sie ihnen vorstrecken, aufs unbarmherzigste bewuchern, kurz alle die schändlichen Kunstgriffe anwenden, deren sich unsere Garnhändler und Leinwandverleger bedienen, um der leidenden Menschheit das Mark auszusaugen, zwingen sie dieselben, so schleuderisch als möglich zu arbeiten. Und daher mag es wohl hauptsächlich kommen, daß man in den Produkten ihres Fleißes viel Manchfaltigkeit, viel Erfindungsgabe, aber wenig Genauigkeit und Akuratesse findet . . . So schmachtet hier am meisten der fleißige Holzarbeiter, der bei der größten Anstrengung, bei der offenbarsten Verkürzung seines Lebens nicht imstande ist, sich nur den armseligen Wohlstand seines Nachbars, des Berchtesgadener Bauers zu verschaffen. Der kleinlichste und verderblichste Zunftzwang, kraft welchem z. B. der Schachtelmacher keine Schachteln mahlen oder keine Kufen (Schaffeln) machen darf, und der unbarmherzige Druck der Verleger richtet diese unglückselige Menschklasse zu Grunde . . . Jahraus, jahrein in ihren niedrigen, feuchten, vom Dunst des Leimes und der Farben zu den Holzwaaren verpesteten Hütten eingekerkert, darben sie bei Wassersuppe, Haberbrod und Erdäpfeln in dem fürchterlichsten Schmutze und Unreinlichkeit. Rahmkoch und Tyroler Kronowettbrandwein sind die Leckerbissen des Berchtesgadeners.«

Der Zwang zum Geldverdienen und die geringe Kenntnis der tatsächlich zu erzielenden Preise, die kleine Zahl der Verleger und besonders in der zweiten Hälfte des 19. Jahrhunderts ein starkes Überangebot an Waren sind als Hauptursachen für jene Verhältnisse anzusehen. Dazu kam die oft nachteilige Verrechnung der Erzeugnisse gegen Güter des täglichen Bedarfs und oft auch von Arbeitsmaterialien (Farben, Werkzeuge), das sogenannte Trucksystem. So etwa berichtet Blau noch 1917 aus dem Böhmerwald,[95] daß die Schachtelmacher damals hier »wie üblich, an Menge und Güte [der Waren] stark verkürzt« würden. Charakteristisch für diese Geschäftsbeziehungen zwischen Verlegern und Herstellern ist auch eine Schilderung von 1755 über die Tätigkeit des Verlegers Öhme in Grünhainichen, der bei seiner Anwesenheit auf der damaligen Braunschweiger Messe darüber vernommen wurde, insbesondere im Hinblick auf seine niedrigen Verkaufspreise:[96]

»An dem Orte, wo er wohne, wohnten zugleich auch viele Bergleute. Diese verfertigten bey müßigen Stunden allerley Drechslerarbeiten [dazu zählten auch die Spanschachteln, mit denen Öhme in Braunschweig handelte]. Wenn sie eine Parthey davon fertig [hätten], gingen sie damit zu vorgedachtem Ohmen, um solches zu verkaufen, welcher diese dafür an Victualien, als Schinken, Speck, Würste, Schmaltz und dgl., so er allhi[e]r [d. h. in Braunschweig] kaufte, satisfa[c]irte. Weil nun diesen Bergleuten dergleichen Victualien angenehm und sie nicht nötig hätten, das Holz dazu [zu ihren Arbeiten] zu erkaufen, auch überdem davon ihr Leben nicht [allein] unterhielten, so könnte vorerwehnter Ohmen für ein weniges eine große Parthey Waren von ihnen erkaufen.«

Diese Verhältnisse haben offenbar bereits seit alters bestanden. Wird doch bereits in der Ordnung für die Berchtesgadener Holzhandwerker von 1535 verboten, daß die Verleger als Entgelt für die ihnen zugebrachte Ware Naturalien oder Arbeitsmaterialien liefern.[97]
Andererseits hat man offenbar die Verleger benötigt. Eine 1677 in Berchtesgaden zum Schutz der Hersteller vom Fürstpropst errichtete ›Niederlage für Holzwaren‹, ›Compagnie‹ genannt, bewährte sich nicht. Es gibt eine Reihe von Zeugnissen, die auf die Notwendigkeit, den Vertrieb über Verleger durchzuführen, hinweisen. Etwa schreibt Wieck 1840 über die sächsischen Verhältnisse:[98]

»Überhaupt sind diejenigen Drechsler am glücklichsten, die für eine große Handlung ausschließlich arbeiten, denn diese haben selbst bei stockendem Absatze einige Arbeit, weil diese Handlungen ihre alten Arbeiter selbst dann noch mäßig fortbeschäftigen, wenn sie die Waaren nicht sofort absetzen können. Die Handlungshäuser wie das von David Oehmens sel. Söhnen zu Grünhainichen und das Hiemannische in Heidelberg stiften durch Vorschüsse und Sorge für alte Arbeiter sehr viel Gutes.«

Für den Fernhandel stellte das auf den Verleger aufbauende Handelssystem eine unumgängliche Notwendigkeit dar. Die Kleinproduzenten wären zur Erschließung derart weiträumiger Absatzgebiete überhaupt nicht in der Lage gewesen, zumal der Handel seine besonderen Usancen hatte. So berichtet beispielsweise ein Vertreter der in Göttingen niedergelassenen Berchtesgadener Emigranten 1734,[99] daß der Versuch, ihre Erzeugnisse auf der Braunschweiger Messe abzusetzen, kläglich gescheitert sei. Sie seien eben Handwerker und keine Handelsleute. In ihrer Heimat hätten ihnen große Handelsherren den Warenabsatz abgenommen, der bis nach Venetien und darüber hinaus gegangen sei! Weiter bittet der Vertreter der Berchtesgadener um Genehmigung der Übersiedlung nach »Frankfurt, Regensburg oder Nürnberg, wo sie ihre Waren an Kaufleute bringen« könnten.

Herstellung

Das Ausgangsmaterial für die Schachtelherstellung bilden die je nach der Größe der Schachteln bis zu etwa 200 cm langen und bis zu etwa 30 cm breiten, nur 0,5–0,3 mm starken Holzbrettchen, die Späne. Ihre Stärke verringert sich verständlicherweise mit der Größe der Schachteln. Boden- und Deckelplatte sind in der Regel etwas stärker als die Wandungen.

Die Späne ließen sich nur aus gleichmäßig gewachsenen, weitgehend astfreien, mit Leichtigkeit spaltbaren Stämmen gewinnen. Äußerlich waren diese erkennbar an Astreinheit und feiner Rinde. Die Farbe der Nadeln beim Nadelholz sowie ein bestimmtes, beim Klopfen ertönendes Geräusch gaben dem Kenner weitere Hinweise auf die richtige Holzqualität.[1] Diese besitzen nur wenige Holzarten unter spezifischen Wachstumsbedingungen, wie sie auf trockenen oder mäßig feuchten Böden herrschen. In Mitteleuropa gehören dazu das Holz der Rotfichte, das hier über lange Zeiträume hin fast ausschließlich zur Fertigung von Spanschachteln diente, das Holz der Tanne, das man aber allenfalls für Boden- und Deckelplatten verwandte, das der Esche und das der Saalweide. Letzteres soll im Berchtesgadener Raum für kleine Schachteln benutzt worden sein, ohne daß bisher entsprechende Originale ermittelt werden konnten.[2]

Die ›Schachtelbäume‹ galten als besondere Nutzholzart, wie bereits die Fürstlich-Sachsen-Gothaische Forstordnung von 1644 ausweist.[3] Der Handwerker suchte sich seine ›Schindelbäume‹ selbst im Wald aus, geschult durch die über Generationen weitergegebenen Beobachtungen und Erfahrungen. Aus Lauscha im Thüringerwald wird überliefert, daß nur Rotfichten, die an bestimmten Hängen wuchsen, die notwendige Holzqualität besaßen.[4]

Aus dem Berchtesgadener Raum ist bekannt, daß die Schachtelmacher die Spaltbarkeit und Faserdehnung des Holzes durch Anhauen der Bäume überprüften, bevor sie sich zum Kauf entschlossen. War kein Stamm ausfindig zu machen, der sich gerade aufspalten ließ, so nahm man wohl auch mit einem solchen vorlieb, dessen Längsfasern nach links um die Achse des Stammes verliefen. Unbrauchbar dagegen waren Stämme, deren Fasern sich nach rechts drehten. Die daraus hergestellten Stücke ›werfen‹, das heißt krümmen sich.[5]

Im Harz sowie im Leine- und Weserbergland fand man entsprechendes Holz überhaupt nicht. Ein Vertreter der Berchtesgadener Schachtelmacher, die sich nach ihrer Vertreibung 1731 in Göttingen niedergelassen hatten, berichtet von seiner vergeblichen Suche nach geeigneten Rotfichten in den benachbarten Wäldern und schlägt vor, ›Schachtelholz‹ aus Thüringen zu beschaffen.[6]

Im gesamten Nordeuropa einschließlich der baltischen Länder sowie Nordfrieslands lassen sich seit prähistorischer Zeit Spanschachteln aus wesentlich mehr Holzarten nachweisen als aus Mitteleuropa.[7] Den Spanschachteln nach Form und Herstellungsart sehr nahe stehen die aus den nordischen Ländern bekannten runden und länglichen Schachteln aus Birkenrinde. In der traditionellen, kommerziellen Schachtelmacherei wurde offenbar in Mitteleuropa Buchenholz in nennenswertem Umfang nicht benutzt, wiewohl inzwischen seine Eignung erwiesen ist. Der seit dem späten Mittelalter allgemein in Mitteleuropa spürbare Holzmangel zeigte sich auch in einer Verknappung und Verteuerung des für die Schachtelmacher geeigneten Materials. In manchen Regionen erhielten diese nach altem Herkommen eine bestimmte Holzmenge zu billigem Preis, so in Berchtesgaden.[8] In anderen Regionen zwang die Not dazu, zumindest einen Teil des Holzes durch Diebstahl zu beschaffen, wie es ein Gewährsmann aus Lauscha in Thüringen aus dem vorigen Jahrhundert berichtet hat.[9]

In Mitteleuropa soll der Einschlag der ›Schachtelbäume‹ in der Regel außerhalb der ›Saftzeit‹ erfolgt sein, überwiegend im Spätherbst. Nach dem Fällen wurde der Baum vom Schachtelmacher selbst weiter vorbereitet[10]: Man entästete und zersägte ihn in zur Spaltung taugliche Abschnitte, im Berchtesgadener Raum Drehlinge genannt. Diese hatten, je nach Reinheit der Stämme und Größe der daraus zu verfertigenden Schachteln, eine bestimmte Länge. Die Drehlinge wurden entrindet und mit Hilfe von Keil und Axt in drei bis vier Spaltscheite auseinandergetrieben, diese zum Trocknen aufgeschichtet, mit Rinde abgedeckt und erst im nächsten Winter heimgebracht. Zur Weiterverarbeitung sollte das Holz möglichst ausgetrocknet sein. Deswegen hielt der Schachtelmacher in der Regel einen Materialvorrat, der für etwa ein Jahr ausreichte.

Nächster Arbeitsgang war die Herstellung der eigentlichen Späne, wie sie übrigens in gleicher Art für Siebränder gewonnen wurden. Um 1860 wird aus Berchtesgaden berichtet, daß man die Späne durch weitere wiederholte Spaltung der Scheite mit dem ›Klötzeisen‹ erhielt, einer verhältnismäßig breiten, eisernen Klinge an einer rechtwinklig dazu angebrachten hölzernen kurzen Handhabe.[11] In anderen Regio-

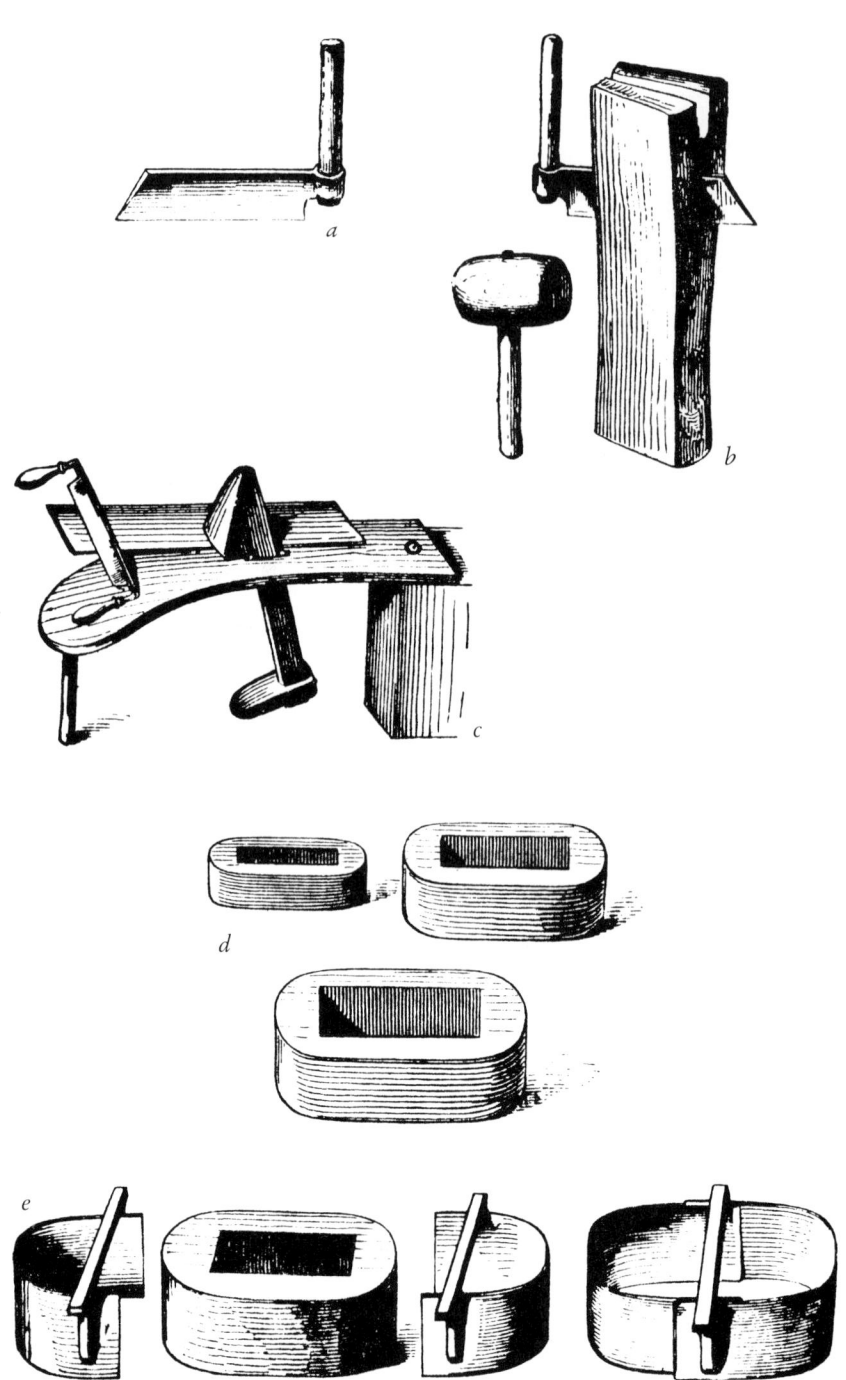

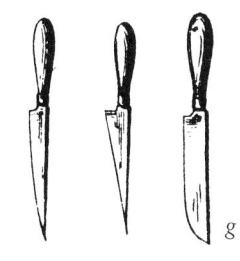

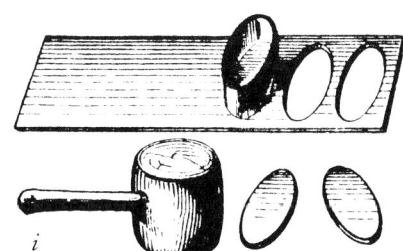

*14   Schachtelherstellung, Werkzeuge und Arbeitsgänge, nach Holzschnitten
aus F. von Ow: »Das Kunstholzhandwerk im oberbayerischen Salinen-Forstamtsbezirke Berchtesgaden«, 1859.*

a, b   Klötzeisen
c   Schnitzmesser in Anwendung
d   Formstöcke und ihre Verwendung
e   Schachtelzarge mit Klammer, »Aufbiegezwinger«
f   Zusammenheften einer Zarge mit Durchzugmesser
g   Schärber
h   Zargen kleiner Schachteln im »Trockenzwinger« und mit »Kluppe«
i   Ausschlagen der Deckel- und Bodenplatten für kleine Schachteln

nen, beispielsweise im Erzgebirge und im Altvatergebirge, wurden die Scheite in die sogenannte Stoßbank eingespannt, die einer Ziehbank weitgehend entspricht. Dann wurden die Späne mit einem dem Tischlerhobel ähnlichen Hobel, der aber ein breiteres Messer besitzt, abgezogen.[12] Zur Gewinnung kleinerer Späne genügte eine Person. Größere wurden von zwei Personen abgezogen, während eine dritte die Späne auffing und hielt, damit sie nicht zerbrachen.

Aufwendigere Maschinen oder gar Sägewerke wurden bis in unser Jahrhundert hinein zum Spanziehen kaum eingesetzt. Die inzwischen stillgelegte, seit dem ausgehenden 17. Jahrhundert erwähnte Spanziehermühle in Grünhainichen bei Karl-Marx-Stadt, deren großer Hobel mit Wasserkraft angetrieben wurde, diente der Herstellung von Buchenspänen, die nicht zur Schachtelherstellung verwandt wurden, so weit die Überlieferung reicht.[13] Während in Katzhütte im Thüringerwald bereits um 1870 die Späne maschinell gewonnen wurden,[14] setzte man beispielsweise in Wengi-Frutigen im Berner Oberland erst seit 1918 eine eigens zu diesem Zweck konstruierte Maschine dafür ein,[15] die übrigens noch heute in der Firma Bühler-Holzspan in Betrieb ist. Im nächsten Arbeitsgang zerteilt man[16] die Späne entsprechend der vorgesehenen Größe der Schachtelzargen (Abb. 15 c). Da ihre Enden, um sie miteinander verbinden zu können, übereinandergreifen müssen, müssen die Späne etwas länger gehalten werden als der Umfang der fertigen Schachtel ist. Nach mehrstündigem Weichen in warmem Wasser werden die Späne durch heißes Wasser gezogen und dadurch leicht biegbar gemacht. Je nach Größe der Schachteln sind die folgenden Arbeitsgänge etwas voneinander abweichend.

Zunächst zur Herstellung der großen Stücke: Für sie werden die Zargenspäne über einem hölzernen ›Formstock‹, der Form und Umfang der fertigen Schachtel besitzt, gebogen (Abb. 14 d). Die Zargen ganz großer, ovaler Schachteln fügte man aus je zwei Spänen zusammen. Über die Biegungen der Zargen werden Zwingen gespannt (Abb. 14 e), die Teile von den Formen genommen und diese am – deswegen auch im Sommer kräftig geheizten – Ofen getrocknet. Sodann verleimte man die Enden der Zargen. An nur etwas größeren Schachteln genügte die Verklebung der Zargenenden zum Zusammenhalt nicht. Daher wurden diese zusätzlich genäht. Dem dienten sehr schmale, dünne Späne, die mit dem sogenannten Fughobel überwiegend aus dem Holz der Saalweide, gelegentlich auch aus dem der Eberesche (›Vogelbeere‹) gewonnen wurden. Die Verwendung von Lederriemen ist nur aus Nordeuropa bekannt. In einzelnen Regionen wurden offensichtlich die Nähte der Schachtelzargen in unterschiedlicher Form ausgeführt. Im alpenländischen Raum und vermutlich auch im Erzgebirge brachte man am Ende der Zargen mit dem sogenannten Durchzugsmesser, einem gekrümmten, besonders scharfen Messer, lange Schlitze an (Abb. 14f, 15). Durch diese wurden die feinen, aber breiten Späne in Art des Vorstichs gezogen. Diese Art der Heftung (›Schlitznaht‹) tritt in mehreren Varianten auf, so mit unterschiedlicher Stichzahl, in Art des doppelten Vorstichs, wie man ihn von der Nähmaschine kennt, aber auch in zwei Reihen.

Im Thüringerwald dagegen wurden nach herkömmlicher Tradition zum Nähen der Schachteln zunächst kräftige Löcher hergestellt. Durch diese zog man in einer Drehbewegung den Span in einer Art Rückstich (›Lochnaht‹). Dieses Verfahren versprach zweifellos eine größere Haltbarkeit als das zuerst beschriebene.

Anschließend wurde bei großen Schachteln der Umriß der Zargen auf ein Brett übertragen, um dann entsprechend die Deckel- und die Bodenplatte mit dem sogenannten Schärber freihändig auszuschneiden, einem feststehenden Messer mit spitz zulaufender Klinge (Abb. 14g). Fehlten hinreichend große Holzplatten, so leimte man wohl Boden und Deckel aus Teilen zusammen. Nun schlug man diese Teile mit dem sehr schmalen Grathammer in die Zargen ein, verband die Fugen durch Leimung und fügte die Teile nach dem Trocknen mit kleinen Holz- oder seltener mit teureren Metallstiften noch haltbarer zusammen.

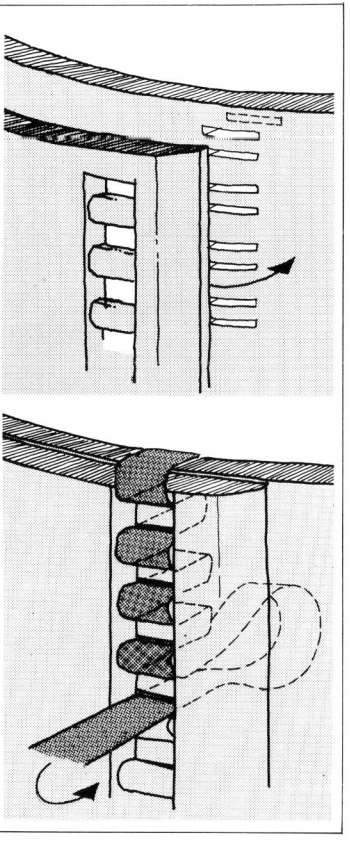

15 Nähen einer Schachtel mit Schlitznaht, nach P. Ågren, Tre träslöjder, 1972, S. 140.

45

*16 Blanke Schachteln, geklammert, Reif um die Schachtelzargen gelegt,
Verwendung unter anderem als Versand- und als Hutschachtel (rund),
Schweiz, 19./Anfang 20. Jh. 13,5–30,5 x 7,5–32,5 x 4,5–16,5.*

Nur aus der Schweizer [17] und der nordeuropäischen [18] Produktion sind
bisher größere Schachteln bekannt geworden, deren Zargen dadurch
verstärkt sind, daß man um ihren unteren Teil einen Spanreif legte
(Abb. 16). Dieser besitzt etwa die Höhe der Deckelzarge.
Bereits seit dem Beginn des 19. Jahrhunderts fügte man im Alpenraum
für einen Teil der größeren Schachteln die Zargen mit breiten Blechstreifen zusammen. Man verwandte dazu überwiegend Messingblech,
gelegentlich aber auch das leichter korrodierende und dadurch weit
weniger haltbare Weißblech. Besonders verbreitet scheint dieses Verfahren in der Schweiz gewesen zu sein. [19] In Berchtesgaden wurde es
um 1882 mit Messingblechstreifen für einen Teil der dickwandigeren
Gadeln angewandt. [20]
In Thüringen begann man offensichtlich, Blechstreifen zum Zusammenfügen der Zargen größerer Schachteln erst in der zweiten Hälfte
des 19. Jahrhunderts zu verwenden. Nach der Ortsüberlieferung soll
der Schachtelmacher Albert Müller (1800–1875) in Lauscha dieses Verfahren ›erfunden‹ haben. [21] Diese Angabe ist wohl darauf einzuschrän-
ken, daß Müller die neue Technik in Lauscha eingeführt hat. Diese hat
freilich das ältere Zusammenfügen mit Holzspletten nicht verdrängt.
Zweifellos hat dazu beigetragen, daß die Metallbänder den Herstellern
höhere Materialkosten aufbürdeten als die hölzernen ›Fäden‹.
Die Heftung der Schachteln mit dünnen Blechklammern ist erst in unserem Jahrhundert eingeführt worden.
Für ganz große Schachteln leimte man zwei oder seltener drei Zargen-

ringe aufeinander. Der Übergang wurde in der Regel durch einen Reif verdeckt, der gleichzeitig zur Haltbarkeit beitrug.

Nun zur Herstellung der kleinen Schachteln:[22] Die biegsam gemachten Späne wurden dafür entweder über einen entsprechend geformten Metallring gebogen oder aber zu je zweien übereinander über eine entsprechende Holzform (der innere Span lieferte die Schachtel-, der äußere die Deckelzarge). Dann klemmte man die Zargen zu je sechs bis acht Stück in den sogenannten Trockenzwinger, zwei durch lange Gewindeschrauben verbundene Brettchen (Abb. 14h). Anschließend leimte man die Zargenenden übereinander und hielt diese, bis der Leim getrocknet war, mit einfachen Holzklammern zusammen.

Deckel- und Bodenplatte wurden mit Hilfe sogenannter Bodeneisen, das heißt starker Eisenringe, die die Form der Schachtel besitzen, mit einem hölzernen Schlägel ausgeschlagen (Abb. 14i); die Platten anschließend in die Zargen gedrückt und darin zur besseren Haltbarkeit verleimt beziehungsweise verkittet. Vorstehende Kanten verputzte man mit einem kleinen, feststehenden Messer, dem Schärber.

Zum Leimen verwandte man Knochenleim, häufiger aber eine Art Käsekitt, den man selbst aus Magerquark und ungelöschtem Kalk herstellte.[23] Die Leimtechnik scheint sich immer mehr verbessert zu haben; denn je jünger die Schachteln sind, um so häufiger verzichtet man auch bei mittelgroßen Exemplaren auf das zusätzliche Nähen. Es scheint, daß man im Thüringer Produktionsgebiet länger zusätzlich größere Stücke genäht hat als im alpenländischen Raum.

Mit den herkömmlichen Werkzeugen und Hilfsmitteln ist die Fertigung ovaler Schachteln am einfachsten, da der Spannungsausgleich beim Biegen und Zusammenfügen der Zargen wesentlich leichter zu erzielen ist als für andere Formen. So überwog der Anteil ovaler Stücke an der Produktion bei weitem. Insbesondere in Thüringen dominierten diese in nur ganz wenigen Formvarianten. Dagegen war hier die Fertigung runder Schachteln gering, stieg indes seit dem ausgehenden 19. Jahrhundert offenbar deutlich an.

Auch im erzgebirgischen Bereich arbeitete man überwiegend ovale Schachteln, daneben in größerem Prozentsatz als in Thüringen runde, außerdem herzförmige und rechteckige mit abgerundeten Ecken.

Nach der Form und der Größe – auch der ovalen Typen – bei weitem am variantenreichsten war die Berchtesgadener Produktion. Ovale, runde, herzförmige und dreieckige Schachteln stellte man hier her, vorherrschend freilich rechteckige mit abgerundeten Ecken. Dieser Formtyp wird in einem Bericht aus der österreichischen Viechtau von 1882 geradezu als ›Berchtesgadener Schachtelform‹[24] bezeichnet.

Nur aus dem Bodenseeraum und aus Berchtesgaden sind bisher große, ovale Beispiele bekannt geworden, deren Deckelplatten mehrere große Metallknöpfe tragen (Abb. 26).[25]

Die Herstellungstechnik der Schachteln, zu der nur wenige einfache Werkzeuge notwendig waren, ermöglichte eine Massenproduktion. Je nach der Größe der Schachteln und danach, wieweit das Material vorbereitet war, hatte die Leistung eines Arbeiters einen unterschiedlichen Umfang, war aber im ganzen außerordentlich hoch. Etwa zwölf bis vierzehn Arbeitsgänge waren zur Herstellung einer Schachtel erforderlich. Im Berchtesgadener Raum fertigte der einzelne Schachtelmacher zwar Stücke unterschiedlicher Größe, die zu ›Sätzen‹ ineinandergestellt verkauft wurden. Zum ökonomischeren Einsatz der Arbeitskraft wurde jedoch jeweils eine höhere Zahl gleichartiger Exemplare – etwa 100 Stück – in Arbeit genommen. Ein ›fleißiger Arbeiter‹ stellte hier um 1860 wöchentlich etwa 350 Sätze ovaler Schachteln her zu je fünf Stück unterschiedlicher Größe (Länge ungefähr 5 bis 8,5 cm, Breite 2,5 bis 6 cm), mithin etwa 1750 Schachteln. An großen Schachteln fertigte um 1860 eine Person im Berchtesgadener Raum wöchentlich im Durchschnitt fünf Sätze zu je sechs Schachteln (Länge ungefähr 53 bis 87,5 cm, Breite 31 bis 42 cm).[26] Eine andere Quelle aus dem Jahre 1820 führt an, daß dort ein Hersteller »mittelst einer mechanischen Vorrichtung«, welche er selbst erfunden hatte, »binnen einer Woche 20 000« – wohl kleine – Schachteln »zu Stande bringen würde«.[27]

Aus dem Erzgebirge wird 1840 mitgeteilt, daß hier ein Arbeiter pro Tag eine große Schachtel oder zwanzig mittlere oder 120 kleine schaffte.[28]

In der Gegend von Warmbrunn im Riesengebirge fertigte um 1870 eine Frau in einer Manufaktur täglich 12 bis 15 Schock, mithin 720 bis 900 kleinere Schachteln.[29] Ein Schachtelmacher in Freihölz im Böhmerwald brachte es um 1900 unter Mithilfe seines kleinen Sohnes auf eine tägliche Produktion von 1000 kleinen, verhältnismäßig dickwandigen Schachteln zur Verpackung von Schuhwichse.[30]

Aus Lauscha in Thüringen gar ist aus dem ausgehenden 19. Jahrhundert überliefert, daß damals hier eine Familie wöchentlich etwa 4500 Schachteln schaffte. Hier war ein derartiges Arbeitsgeschick entwickelt, daß ein Knabe in etwa fünf Minuten etwa 700 Schachteldeckel ausmeißelte.[31]

Um 1865 erhielten die Hersteller kleiner Schachteln in Teilen Thüringens übrigens gespaltenes Holz von einem Verleger in Katzhütte bei Neuhaus am Rennsteig, um die Arbeit zu erleichtern und zu beschleunigen.[32]

Die Schachteldekoration in Mitteleuropa in ihrer zeitlichen und räumlichen Differenzierung

Seit in historischer Zeit die Überlieferung einsetzt, seit der ersten Hälfte des 14. Jahrhunderts, überwiegt als Auszier der Schachteln in Mitteleuropa die Bemalung bei weitem. Kerb- und Flachschnitt sowie Ritztechnik und Brandmalerei wurden hier offensichtlich nur gelegentlich für Einzelstücke angewandt, zum Teil in Verbindung mit Bemalung. Dagegen sind diese Schmucktechniken in Nord- und in Nordosteuropa sowohl für Schachteln aus Holzspänen als auch für solche aus Birkenrinde bis in die Gegenwart verbreitet geblieben (vgl. S. 83 ff.). Eine Sonderform, auf die im Rahmen dieser Monographie nicht eingegangen werden kann, stellen Spanschachteln dar, die mit zu dekorativen Mustern angeordnetem, teils gefärbtem Stroh beklebt sind.

Verhältnismäßig früh, zuerst belegt im 16. Jahrhundert, lassen sich in Mitteleuropa Schachteln nachweisen, die zur Auszier teilweise oder völlig mit Schmuckpapier oder Druckgraphik beklebt worden sind (vgl. S. 65 ff.).

Maltechniken

Nach einer lange herrschenden und noch heute teilweise vertretenen Meinung soll bis in das ausgehende 18. Jahrhundert die für Spanschachteln charakteristische Maltechnik die Wismutmalerei gewesen sein.[1] Das muß jedoch bei Durchsicht der erhaltenen Bestände als zweifelhaft angesehen werden. Eine endgültige Klärung der Frage nach den Maltechniken, die für Spanschachteln in der Vergangenheit Verwendung gefunden haben, ist zur Zeit nicht möglich. Exakte Farbuntersuchungen mit naturwissenschaftlichen Methoden sind an Spanschachteln bisher nicht durchgeführt worden. Diese erscheinen zu kostenaufwendig.

Wesentliches Charakteristikum der Wismutmalerei ist, daß auf einer Grundierung aus Schlemmkreide, die mit einer in der Regel zehnprozentigen Leimlösung angerührt wurde, eine dünne Schicht aus einem Wismutbrei aufgetragen wurde. Diesen erhielt man, indem man aus einer Wismutlösung, beispielsweise Wismutnitrat in Salzsäure, metallisches Wismut mit Hilfe von Zink ausfällte. Ein altes Rezept nennt als Bestandteile je 11 Lot Zinn und Wismut sowie 1¹/₂ Lot Quecksilber (1 Lot = etwa 15 g).[2]

G. Buchner gibt auf Grund der alten Fachliteratur folgende Anweisung zur Herstellung des Wismutbreis:[3] »Man löst 100 g Wismutsubnitrat in 200 g Wasser und etwa 300 cm³ Salzsäure, bis eine klare Lösung entstanden ist, verdünnt diese auf 1 Liter, stellt einen Zinkblendestreifen im Gewicht von etwa 50 g in die Lösung und läßt sie einige Tage stehen. Das ausgeschiedene graue, fein verteilte Wismut wäscht man wiederholt bis zur völligen Neutralität aus und erhält so etwa 140 g Wismutschlamm, der etwa 70 g Metall enthält. Zur Aufbewahrung wird er mit dünnem Alkohol überschichtet, um das Austrocknen und die Oxydation zu verhindern.«

Nach dem Trocknen glättete und polierte man die Wismutschicht mit dem Falzbein oder einem Achatstein. Dann wurde mit Tempera- oder Ölfarben die Malerei aufgebracht. Jene Wismutschicht bewirkte, daß die Oberfläche einen metallischen silbrigen Schimmer erhielt, der freilich im Laufe der Zeit stumpf und grau zu wirken begann.

Soweit die schriftliche Überlieferung Auskunft darüber gibt, blieb die Wismutmalerei auf ganz wenige Städte beschränkt, vornehmlich auf Nürnberg und Ulm, wo sie überdies von nur wenigen Handwerkern gleichzeitig ausgeübt wurde. Nach dem bisherigen Kenntnisstand fällt ihr Aufkommen in die zweite Hälfte des 15. Jahrhunderts, ihr Ende in den Beginn des 19. Jahrhunderts.[4]

Von Nürnberg soll die Wismutmalerei nach Sonneberg in Thüringen übertragen worden sein.[5] Freilich scheint es, wie bereits Otto Lauffer vermutet hat,[6] daß die Bezeichnung hier beibehalten wurde, ohne daß durchgängig in der entsprechenden Maltechnik gearbeitet wurde. So wird die ›Wißmuth Mahlerey‹[7] in der Ordnung »Derer Wißmuth Mahler im Neustädt. Obergericht Sonneberg« von 1764 definiert als »das Mahlen von allerhand Blumen, Landschaften, Bilder und Figuren, mit Oel, Waßer, auch Leime und Firniß-Farben, nebst dem Vergulden derer Tische, Bette, Schränke, Schachteln . . .«, ohne daß auf das Arkanum der Wismutmalerei auch nur andeutungsweise eingegangen wird. Dieses umständliche Verfahren wäre zweifellos für das Massenprodukt Spanschachtel in dieser Zeit zu kostenaufwendig gewesen.

Man bemalte Spanschachteln vorwiegend mit Temperafarben. Auf dem ältesten überlieferten Stück mit Bemalung sind diese auf einen dünnen Kreidegrund aufgetragen worden.[8] Die Temperafarben wurden, um die Leuchtkraft zu erhöhen, mit Leimwasser überzogen oder aber mit einem Lack- oder Firnisüberzug versehen. Das war zugleich ein Schutz für die empfindliche Farbschicht. Jener Überzug vergilbte im Laufe der Zeit häufig so stark, daß dadurch eine Veränderung der Farbwerte erfolgte. Insbesondere ein seit dem 18. Jahrhundert häufig verwandtes lichtes Blau erscheint so in der Regel heute als dunkles Grün.

Eine dauerhafte Bemalung unserer Schachteln war zweifellos technisch schwierig. Die Rezepte dafür waren streng gehütete Familiengeheimnisse. Es fällt auf, daß die Haltbarkeit auf den Erzeugnissen der Thüringer Produktion häufig wesentlich besser ist als auf älteren Stücken, die im bayerisch-österreichischen Alpenraum bemalt worden sind. Von letzteren ist die Farbe nicht selten in größeren Stücken abgeplatzt. Das dürfte mit der Grundierung zusammenhängen.

Schon 1754 wird aus Braunschweig berichtet,[9] daß die Qualität der Thüringer Schachtelmalerei hier schwerlich zu erreichen wäre, da hier der gute, in Thüringen dazu verwandte Firnis zu teuer sei.

Die Schachteln der Thüringer Produktion des 19. Jahrhunderts wurden zunächst mit einem einfarbigen Anstrich versehen. Auf diesen trug man nicht nur die Motive auf, sondern auch andersfarbige Linien und breitere andersfarbige Kanten und Flächen.[10]

Der letzte Schachtelmaler von Neustadt bei Coburg, Georg Greiner, gestorben 1944 (Abb. 10, S. 29),[11] bereitete seine Farben noch selbst nach altem Rezept aus Knochenleim und im Mörser zerriebenem Farbpulver. ›Bessere‹, also teurere Schachteln überzog er wohl nach dem Bemalen mit ›Spirituslack‹, das heißt wohl Schellack, der in Spiritus gelöst war.[12]

Aus Lauscha in Thüringen wird überliefert, daß man hier seit den 1870er Jahren begann, Anilinfarben zu verwenden.[13] Billige Schachteln wurden in alter Zeit auf preiswerte Weise mit Heidelbeersaft rötlich gefärbt.[14]

Einen rötlichen Grundton erzielte man auch durch das Beizen mit einem Sud aus ausgekochtem tropischen Pernambuk (= Rotholz) und Alaun, wie unter anderem Marie Eysn aus Berchtesgaden berichtet.[15] Im Laufe der Zeit verblich dieses Rot und das Bindemittel und/oder der Überzug verbräunte, das heißt hellbraune Oberflächen entstanden.

Aus Lauscha in Thüringen wird übrigens mitgeteilt, daß man hier, um den roten Farbton zu erreichen ein halbes Pfund Pernambukholz mit einem ›Verling‹ (= ein viertel Pfund?) Alaun in Wasser aufkochte.[16] Nach dem Einfärben der Schachteln mit dieser Lösung erfolgte nur manchmal eine farbige Bemalung. Mitunter andererseits malte man auf rohem Holzgrund, und der Dekor wurde anschließend mit einem transparenten Überzug versehen, wiederum um die Malerei zu schützen und gleichzeitig Glanz zu erzeugen.

Brandmalerei ist lediglich auf Beispielen eines skandinavischen Schachteltyps zu beobachten (vgl. S. 83).

Für die Dekoration verwandte man offensichtlich nur zum geringeren Teil Schablonen. Überwiegend wurde frei gestaltend – indes insbesondere auf den Zargen – sehr gleichartig gemalt.

Als Besonderheit sei erwähnt, daß die für bestimmte Viechtauer Schachteln charakteristische weiße ›Tupfenbordüre‹ mit Hilfe eines Badeschwammes aufgetragen wurde, »in dem die Tupfen mit glühendem Drahte ausgebrannt worden sind«.[17] Das entspricht der sonst für die Dekoration von Fayence und Steingut angewandten Schwämmeltechnik.

Die Motivik der bemalten Schachteln

Ebenso uneinheitlich und zum Teil unsicher wie die Kenntnis über die Produktionszentren und die Hersteller der Spanschachteln ist unser Wissen über die Zuordnung bestimmter Maltypen und Motivgruppen zu einzelnen Regionen, Orten oder gar Werkstätten. Insbesondere lassen sich bisher keine der überlieferten Schachtelmalereien eindeutig dem sächsisch-erzgebirgischen Raum zuordnen.

Das Zusammentreffen der Erzeugnisse verschiedener Produktionsgebiete auf den großen Messen mag dazu geführt haben, daß auf Anregung von Händlern bestimmte Motive von einem Malzentrum in andere übertragen worden sind. Zu vermuten steht das etwa für ein Paar in Zeittracht (Abb. 85, vgl. S. 130). Andererseits jedoch sind offensichtlich die Malzentren bei ihren spezifischen Dekorationsformen geblieben. Insbesondere an den unterschiedlichen – auch gleichzeitigen – Blumenmalereien ist das ablesbar.

Vor den Beginn des 18. Jahrhunderts reichen nur verhältnismäßig wenige bemalte Einzelstücke von durchgehend guter bis hervorragender Qualität zurück (Abb. 4, 18–22, 25). Unsicher muß bleiben, ob es sich da um individuell gestaltete Exemplare oder um Beispiele serieller Bemalung handelt. Zu vermuten ist letztere bereits für die im 16. Jahrhundert in Nürnberg tätige Werkstatt des Lienhard Fürstenauer,[1] späterhin aber anhand der überlieferten Stücke klar nachweisbar. Auch hier blieb freilich dem Ausführenden ein, wenn auch geringer, schöpferischer Spielraum, zumal Schablonenmalerei weithin unüblich war. So gleicht denn auch kein Schachtelbild in allen Einzelzügen dem anderen.

Das bereits mehrfach erwähnte, älteste bemalte Stück (Abb. 4) ist mit der Abendmahlsdarstellung auf der Deckelplatte vornehmlich religiöser Thematik gewidmet. Diese findet man im ganzen verhältnismäßig selten. Es gibt nur wenige Beispiele dafür, die der mitteldeutschen Produktion zuzuordnen sind. Das ist insofern verständlich, als dieser Raum seit der Reformation vom evangelischen Bekenntnis geprägt worden ist und seine Hauptabsatzgebiete in Regionen mit einer Bevölkerung besaß, die ebenfalls durchgehend der evangelischen Konfession anhing.

Zu einem gewissen, wenn auch nicht sehr hohen Anteil nehmen dagegen alpenländische Schachtelmalereien religiöse Motive auf. Zum geringeren Teil sind diese auf den Deckelplatten dominierend, zum größeren Teil aber auf den überlieferten Beispielen so mit vegetabilischen oder geometrischen Dekors verbunden, daß die religiöse Thematik zurücktritt (vgl. Abb. 40, 45, 63–65, 67).

Das Germanische Nationalmuseum in Nürnberg bewahrt zwei kleine, auffallend schmale und lange Schachteln (Abb. 22); die eine enthält auf schwarzem, die andere auf hellgrauem Grund einen fast geraden Zweig mit einer Tulpenblüte sowie einer als Granatapfel deutbaren Form und einige kleine Punktblüten, verbunden mit kleinen Punktornamenten. Das hellgrundige Stück bietet mit der Jahreszahl 1678 von zeitgenössischer Hand einen Anhaltspunkt für die Datierung. Ein gleichartig, jedoch üppiger dekoriertes Stück, das den Schmuck der Deckelplatte auf der Schachtelzarge wiederholt, befindet sich im Bayerischen Nationalmuseum in München (Abb. 25). Es dürfte etwas jünger und in die Zeit um 1700 zu datieren sein. Seine Bemalung wird nach Berchtesgaden lokalisiert, ohne daß aus der zugehörigen Dokumentation eine Begründung dafür erkennbar wird. Eine große, ovale Schachtel mit fünf Deckelknöpfen und Spaltennaht (Abb. 26) nimmt auf Deckelplatte und Zargen auf schwarzem Grund das Tulpenmotiv in ähnlicher Form auf. Indes fehlt der Punktdekor in diesem Beispiel, das eindeutig als Berchtesgadener Malerei des 18. Jahrhunderts einzuordnen ist. Gleiches gilt für ein sehr ähnlich dekoriertes Stück im Bayerischen Nationalmuseum in München und für ein weiteres inzwischen verschollenes, von dem nur ein Foto vorliegt. Dagegen kommt der kleine Punktdekor in Verbindung mit Zweigen mit großen Tulpen – auf überwiegend dunklem Grund – auf einer größeren Anzahl von Haubenschachteln aus dem 18. Jahrhundert vor, die in Norddeutschland vorgefunden wurden (Abb. 23, 31–33). Sie haben als Zargenverbindung die für Thüringer Erzeugnisse typische Lochnaht. Ein gleichartiger Dekor findet sich auf einer größeren Anzahl truhenförmiger Kästchen und Miniaturmöbel, die sich unter anderem im Bayerischen Nationalmuseum München und im Museum in Berchtesgaden, aber auch in mitteldeutschen Museen, so in Schleusingen und Sonneberg in Thüringen, erhalten haben. Hier wie da ist nicht dokumentiert und zu ermitteln, wo die Malerei ausgeführt worden ist. Das alles macht ihre eindeutige Lokalisierung bisher unmöglich. Es liegt nahe zu vermuten, daß ursprünglich in diesem Stil in Nürnberg, dann vielleicht auch in Berchtesgaden und auf jeden Fall in Thüringen gearbeitet worden ist.

Im Gegensatz zu den vorher beschriebenen sind die folgenden Dekors

eindeutig als Berchtesgadener Arbeiten zu bestimmen: Noch in einer
älteren Tradition steht das hohe, ovale Stück mit Mittelreif (Abb. 28),
das auf schwarzem Grund aus der Rosette beziehungsweise dem Wir-
bel entwickelte große, gelbe Blüten – teils mit Höhung in Schwarz und
Weiß – zeigt, die umgeben werden von ebenfalls in Gelb gehaltenen
kleinen Blüten und lebhaftem Blattwerk. Der Mittelreif wird durch
seine Malerei betont: Auf rotem Grund trägt er einen ebenfalls in Gelb
gehaltenen Zweig mit rosettenartigen Blüten in Blau und Gelb. In größerer Zahl andererseits sind Berchtesgadener Schachteln erhalten, die
überwiegend in das 18. Jahrhundert zu datieren sind und die gekennzeichnet werden durch einen gezeichneten Dekor auf ursprünglich rotem, jetzt zumeist unter Lichteinwirkung in ein helles Braun umge-
setzten Grund (Abb. 29, 30, 37, 38, 49, 42 a b). Darauf sind sehr graphisch und zart wirkende, vegetabilische und geometrische Ornamente aus teils geschlossenen, teils gepunkteten Linien in Weiß, mitunter auch in Gelb zu finden. Einzelne Motive sind oft durch Binnenzeichnung belebt und durch eine dunklere Abschattierung in Rot beziehungsweise Braun zusätzlich betont. Besonders oft trifft man in
derartigen Dekors auf rosettenartige Blüten verschiedener Größe,
stark stilisierte Granatäpfel, Blattwerk und Herzen, kombiniert nicht
selten mit spiraligen Ornamenten und – offenbar im Laufe der Zeit zunehmend – mit kleinen Punktblüten. Die Spiralen werden oft ausschließlich zum Dekor der Zargen verwandt. An einfachen Beispielen
findet man als Schmuck der Deckelzargen wohl lediglich schräge Pin-
selstriche in regelmäßiger Anordnung.

Seit dem Ende des 18. Jahrhunderts tritt der zuvor beschriebene Dekor nach und nach zurück. Der Grund der Schachteln zeigt im Laufe
der Zeit zunehmend ein dunkleres Rot, das sich offenbar nicht mehr so
leicht zu Braun umsetzt (Abb. 34, 43–48). Darauf wird mit wesentlich
mehr Farben gemalt. Auf der Deckelplatte werden jetzt gern entweder
mehrere Felder durch geschlossene, oft mehrfach farblich abgestufte
Linien oder durch eine schmale Ornamentkante ausgegrenzt oder aber
ein Mittelfeld wird so hevorgehoben. Sterne, runde Medaillons,
Rhomben, Rechtecke und Quadrate sind häufiger belegte, teils auf einem Deckel kombinierte Formen. Auf den Schachtelzargen derartiger
Stücke kehren insbesondere Rechtecke und Medaillons wieder. Diese
Flächen haben zumeist einen dunklen, auf wertvolleren Exemplaren
einen Goldgrund mit einer lebhaften, zumeist in Weiß oder Gelb gehaltenen Binnenzeichnung. Wir finden in den Feldern Tulpen- und
andere Blütenzweige sowie zarte Fiederblätter, gelegentlich Punkt-
oder Tüpfelblüten. Häufiger sind auch religiöse Motive anzutreffen, so

etwa in einem Dreieck das ›Auge Gottes‹, in einem quadratischen Feld eine ›Muttergottes‹ und mehrfach in sternförmigen und quadratischen Feldern das Christusmonogramm, auch in Verbindung mit Initialen und Jahreszahlen. Der Raum um die Felder wird auf Deckelplatten und Schachtelzargen überwiegend durch Punkt- und Tüpfelblüten gefüllt, die jetzt zumeist mehrfarbig angelegt sind. Rot, Blau und Weiß scheinen die Lieblingsfarben dafür zu sein. Oft erhalten diese Blüten dadurch vermehrtes Gewicht, daß um einen Mittelpunkt zwei Reihen von Tüpfeln oder Punkten gelegt sind. Punktreihen und stark zurücktretende kleine Fiederblätter ergänzen jene Streublumen. Insbesondere die Deckelzargen werden zumeist mit nur einer Reihe derartiger Blüten geschmückt, die auf einfacheren Stücken mitunter auch den einzigen Dekor der Schachtelzargen darstellen.

Erwähnt seien weiter einige Berchtesgadener Schachtelmalereien, von denen unklar ist, ob sie seriell hergestellt worden sind oder ob es sich um Einzelarbeiten handelt. Eine Gruppe von drei Beispielen aus der Mitte des 19. Jahrhunderts zeigt in gleicher Malweise und Bildauffassung auf der Deckelplatte auf verschiedenfarbigem Grund die Muttergottes, die heilige Anna (Abb. 35) und die heilige Katharina.[2] Ein viertes Stück hat auf der Deckelplatte die Wiedergabe des Almabtriebs, so wie man sie von Schweizer Sonntagsmalern kennt. Ein Klebeschild im Deckel dieser Schachtel enthält die bisher nicht untersuchte Angabe ›Sebastian Holzeis 1858‹.

Auf den Typ der ›Berchtesgadener Hochzeitsschachtel‹ mit der Darstellung eines Paares wird an anderer Stelle eingegangen (vgl. S. 60). In mehreren alpenländischen Museen sind Schachteln überliefert, deren Dekor dem der einen Berchtesgadener Gruppe sehr ähnelt (Abb. 34, 43–50), aber im ganzen üppiger erscheint (Abb. 55–57, 61). Jene Stücke sind nach Ausweis der zugehörigen Museumsdokumentationen im Grödnertal in Südtirol erworben worden. Bisher kann nicht geklärt werden, ob diese Schachteln hier bemalt worden sind oder ob es sich um Berchtesgadener Importe handelt.

Für die Malweise der Viechtau charakteristisch ist ein vegetabilischer Dekor, der in drei grundverschiedenen Ausprägungen vorkommt. Für die eine Form, für die bisher nur wenige von Hertha Wascher vorgestellte Belegstücke[3] aus der Zeit um die letzte Jahrhundertwende bekannt geworden sind, ist typisch ein hellgrüner Grund mit locker gemalten roten, teils weiß und rosa gehöhten Rosen und weißen sternförmigen Blüten mit gelber Mittelzeichnung in sparsamem Blattwerk in dunklerem Grün (Abb. 58). Die Deckelplatte trägt in der Mitte ein verhältnismäßig kleines derartiges Blumenstück. Um dieses ist rahmenartig ein Kranz aus wesentlich größeren, gleichartigen Blüten-zweigen gelegt, die übrigens als Fries auf der Schachtelzarge wieder-kehren. Die Deckelzargen dagegen sind entweder durch schmalblätt-rige und kleinblütige Friese in entsprechenden Farben geschmückt oder aber durch eine umlaufende Reihe im Wechsel weißer und roter Tüpfelblüten. An den Rändern der Deckelplatte findet man in der Re-gel mehrere umlaufende Linien, an den Zargen zum Teil kleine, weiß geschwämmelte Girlandenbögen.

Die zweite, recht häufig belegte Gruppe bemalter Viechtauer Schach-teln ist gekennzeichnet durch einen hellroten Grund mit einer sehr be-wegten Blumenmalerei in Weiß, Blau und Gelb sowie etwas Grün (Abb. 59, 60, 64). Die Umrisse der Formen sind skizzenhaft in Schwarz angelegt, diese selbst teilweise mit schwarzer Binnenzeich-nung versehen. Die Darstellung ist so realistisch, daß man unter den Blumen Lilien, Nelken, Margeriten und in geringem Anteil Tulpen ausfindig machen kann. Das gleiche Motiv wie auf der Deckelplatte findet sich als ausladender Kranz auf der Schachtelzarge wieder, wäh-rend man sich für die Deckelzarge in der Regel mit einem umlaufenden Fries aus schmalen Blättern begnügt, der mitunter durch kleine Blüten angereichert ist. Zumeist haben nur die Ränder der Deckelplatten der-artiger Schachteln eine schmale, weiß geschwämmelte Kante. Nur eins dieser Stücke ist durch die Jahreszahl 1843 genau datiert. Es scheint aber, daß dieser Typ bis in den Beginn des 20. Jahrhunderts hinein ge-malt worden ist.

Der dritte Viechtauer Maltyp wird charakterisiert durch einen ur-sprünglich dunkelroten, inzwischen oft verbräunten Grund (Abb. 62, 63, 65–67). Darauf sind die Motive in dominierendem Weiß in Verbin-dung mit hellem Blau oder Schwarz sowie unter sparsamer Verwen-dung von Gelb angelegt worden. Beherrschend ist ein großformatiger, geöffneter, stark stilisierter Granatapfel beziehungsweise eine große Tulpe in zartem Blattwerk mit Fiederblättern und spiraligen Zweigen-den, das in Weiß und Gelb gehalten ist. Ergänzend sind kleine Roset-tenblüten und gelegentlich Vögel hinzugefügt. Dieser Dekor befindet sich auf Deckelplatten und Schachtelzargen. Er wird durch Übertra-gung eines Begriffs für einen verbreiteten Porzellandekor als ›Viech-tauer Zwiebelmuster‹ bezeichnet. Man nimmt an, daß die Verwendung dieses Motivs in der Viechtauer Schachtelmalerei durch Händler aus den ›unteren Donauländern‹[4] eingeführt worden ist, wo es sehr beliebt war und wohin ja bedeutende Lieferungen aus der Viechtau gingen. Ergänzend sei gesagt, daß dieser Schachteltyp auf den Deckelzargen mit einem Fries aus schmalen Blattzweigen versehen ist, die im Wechsel rote, weiße und mitunter auch gelbe Elemente zeigen. Die Kanten der Deckelplatten und des öfteren auch die sichtbaren Ränder der Zargen werden begrenzt durch schmale, weiß geschwämmelte Kanten.

In einer Reihe von Beispielen der beiden zuletzt beschriebenen Gruppen sind auf den Deckelplatten die vegetabilischen Elemente mit anderen, überwiegend religiösen Motiven verbunden (Abb. 62, 63, 65, 67). Diese erscheinen harmonisch in den vegetabilischen Dekor eingebettet, der häufig sogar eine gewisse Dominanz behaupten kann. Besonders verbreitet sind derartige Stücke mit dem Gnadenbild von Mariazell in Österreich (Abb. 64), die gern als Wallfahrtsandenken gekauft wurden. Insbesondere diese, sonst aber nur wenige Viechtauer Schachteln, enthalten Aufschriften, die überwiegend sehr klein und in Weiß gehalten sind.

Nur wenige Beispiele, die sämtlich in das 19. und an den Beginn des 20. Jahrhunderts zu datieren sind, belegen eine Schweizer Schachtelmalerei (Abb. 68, 69). Diese erscheint als lockere Blumenmalerei auf einfarbigem Grund, die wenig ausgefeilt und qualitätvoll wirkt. Bisher lassen sich keine Anhaltspunkte dafür finden, daß in der Schweiz in großem Stil und exportorientiert Schachtelmalerei betrieben worden ist.

Vielleicht aus einer Malerwerkstätte des Isergebirges stammt eine in jenem Gebiet erworbene, mit deutlich eigenständiger Blumenmalerei versehene Schachtel des Österreichischen Museums für Volkskunde in Wien (Abb. 72). Ein im gleichen Stil dekoriertes Stück unbekannter Provenienz befindet sich im Heimathaus in Ried im Innkreis.

Grundverschieden von den zuvor beschriebenen sind die Malereien auf einer Vielzahl großer, fast ausschließlich ovaler Schachteln mit Lochnaht, die vornehmlich in Thüringen geschaffen worden sind, vielleicht zu einem gewissen Anteil im Erzgebirge. Die ältesten Beispiele stammen aus dem letzten Viertel des 17. Jahrhunderts. Auf ihnen und auf den Stücken aus dem 18. Jahrhundert ist in der Regel in recht gedämpften Farben auf dunklem Grund gemalt, häufig auf Schwarz oder auf Weinrot. Später bevorzugt man dagegen für den Grundanstrich ein helles Beige oder Braun sowie kräftig leuchtende Rot- und Blautöne. Letztere gingen im Laufe der Zeit unter dem Einfluß des Firnisüberzuges oftmals in ein Blaugrün über.

Kennzeichnend für die Mehrzahl der Beispiele ist die grundverschiedene Dekoration von Deckelplatten und Zargen. Letztere sind – abgesehen von wenigen Ausnahmen – charakterisiert durch umlaufende Friese aus Blütenzweigen, die im Wandel der Zeit und je nach Werkstattgruppen unterschiedlich gestaltet sind. Ein älterer Typus dieser

Zargenmalerei, der vom Beginn der Überlieferung im 17. Jahrhundert bis in das 19. Jahrhundert hinein gepflegt wird, zeigt eine breite Mittelzone mit einem Kranz aus starren Zweigen mit großen tulpenförmigen und mitunter lilienartigen Blüten sowie gelegentlich Granatäpfel in Verbindung mit kleinen, punktförmigen, blütenartigen Elementen und kleinen Spiralornamenten (Abb. 71, 73). Diese Zone wird eingefaßt von schmalen, farblich in Art der Marmorierung abgestuften Kanten.

Der jüngere zu Beginn des 19. Jahrhunderts aufkommende Typus der Zargendekoration enthält bewegte Blütenkränze oder Blumenstücke, in denen wulstige stilisierte Rosen- sowie Nelkenblüten in einer breiten Mittelzone dominieren, die oft durch dünne Linien von den häufig andersfarbigen Randleisten abgegrenzt wird.

Typische Motive der Deckelplatten sind Einzelfiguren und Paare unterschiedlicher Gestaltung, dann Genreszenen und in weit geringerem Anteil Architekturen sowie Tiere und Pflanzen. Häufig sind derartige Schachtelbilder mit Inschriften verbunden, nur selten aber mit Jahreszahlen.

Bereits Otto Lauffer hat nach der Art der Menschendarstellung einen ›älteren Typ‹ dieser Schachtelbilder ausgeschieden,[5] der verbunden ist mit dem beschriebenen älteren Typ der Zargendekorationen (Abb. 70, 74, 76, 77). Diese Deckelbilder sind überwiegend in Hochformat gehalten. Die steif wirkenden, unangemessen in die Länge gestreckt dargestellten Figuren sind flächig aufgefaßt ohne räumliche Tiefe. Sie füllen die Deckelplatte fast ganz aus. Am Anfang der Überlieferung stehen zwei derartige, noch verhältnismäßig realistische Bilder, die als Gegenstücke anzusehen sind (Abb. 74 a b). Das eine zeigt einen Mann, das andere eine Frau in Zeitkostüm. Weit stärker stilisiert sind demgegenüber die zahlreich überkommenen, sämtlich undatierten Stücke mit Engelsdarstellungen, die in das 18. Jahrhundert eingeordnet werden (Abb. 70, 76). Mit mahnend erhobener rechter und gesenkter, angewinkelter linker Hand haben die Engel eine charakteristische Pose. Neben Beispielen in spätbarockem Kostüm sind andere überliefert, deren Kleidung empiremäßig wirkt.[6] Eine häufiger nachgewiesene und in das 18. Jahrhundert datierte weibliche Figur mit hocherhobenen Unterarmen und Tulpenzweigen auf den Oberarmen erscheint nachgerade als Entstellung jenes Engels (Abb. 77). Weiterhin begegnet oft eine derart flächig dargestellte, unproportionierte weibliche Figur in spätbarocker oder rokokohafter Kleidung, die üppig ausstaffiert ist und ebenfalls in das 18. Jahrhundert gestellt wird (Abb. 78–80). Dazu gesellen sich Stücke mit Paaren in entsprechender Kleidung in größerer

Zahl (Abb. 71, 81–85). Die Partner sind entweder beide en face gesehen oder nur die Frau, während der Mann – von der Seite dargestellt – jener gerade etwas zuzuflüstern scheint, vielleicht das, was man in der zugehörigen Aufschrift lesen kann.

Nur selten sind entsprechende Schachtelbilder nachgewiesen, die eine oder zwei männliche Figuren zeigen (Abb. 99) oder aber solche mit einer Dreiergruppe (Abb. 86), etwa einem galanten Herren zwischen zwei Damen. Lediglich die Paare sind häufiger mit Datierungen verbunden (vgl. Abb. 71, 83, 87), die in der Regel in dem Deckelsegment unter den Figuren angebracht sind, überwiegend in der stereotypen Formel »Im Jahr(e) Christi . . .«. Das älteste bisher bekannte derartige Beispiel nennt die Jahreszahl 1717,[7] das jüngste 1861.[8] Das widerspricht Otto Lauffers Auffassung, daß dieser Typus des Schachtelbildes zu Beginn des 19. Jahrhunderts durch eine neue Form der Menschendarstellung abgelöst worden ist. Vielmehr wurde neben der neuen die alte Darstellungsform weiter gepflegt, die die Figuren in der Regel in einer inzwischen überholten, jetzt oft simplifizierten, ja zum Teil mißverstandenen Mode zeigt. Gelegentlich trifft man freilich auf derartige Figuren im Kleidungsstil ihrer Zeit. Überdies lassen sich kleine Änderungen in der Bildauffassung beobachten. Die Größe der Figuren wird etwas zurückgenommen zugunsten einer veränderten Gestaltung des Umfeldes. Die älteren Beispiele zeigen die Figuren in reichem ornamentalem Rahmen mit barockisierenden Formen. Man wird entfernt an jene Draperien erinnert, die auf repräsentativen Porträts des 17. und 18. Jahrhunderts zu finden sind. Seit dem Ende des 18. Jahrhunderts erscheint auf derartigen Schachtelbildern anstelle der Andeutung eines Baldachins öfter ein Blumengehänge, während verhältnismäßig häufig die Paare von überdimensionalen Blumen, vor allem von Nelken und Rosen, eingerahmt sind, mitunter in Verbindung mit jenen barockisierenden Ornamenten. Dieser späten Form des Typs ist die sogenannte Berchtesgadener Hochzeitsschachtel zuzuordnen, die nicht zur sonstigen Berchtesgadener Schachtelmalerei paßt (Abb. 85). Wegen seiner Beliebtheit dürfte dieses Motiv erst spät aus Mitteldeutschland hierher übertragen worden sein, ohne sich der rechteckigen Form der Berchtesgadener Schachtel so recht anzupassen.

Seit dem ausgehenden 18. Jahrhundert verbreitet sich – wie bereits erwähnt – allmählich eine neue Darstellungsform für die großen, ovalen Schachteln mit Lochnaht: Zargenmalereien mit Rapporten aus bewegten Blumenstücken oder aus entsprechenden Kränzen, die je nach dem Preis der Schachtel üppiger oder sparsamer ausgeführt sind, werden jetzt verbunden mit Deckelbildern mit perspektivischen, realistisch wirkenden, oft genrehaft erzählenden Darstellungen (Abb. 93–98, 100–107, 109). In diesen erscheinen die Personen häufig verhältnismäßig klein und nach der Mode ihrer Zeit gekleidet. Der Einfluß zeitgenössischer Modejournale ist offenkundig. Besonders häufig kommt eine männliche Figur mit langem Überrock und Röhrenhosen vor (Abb. 104, 107, 109).[9] Soldaten werden offensichtlich in erster Linie wegen ihrer dekorativen Uniformen wiedergegeben (Abb. 105, 108, 111). So findet man sie in friedlicher, ja beschaulicher Szenerie, nicht aber bei gefährlichem, kriegerischen Tun. Einfachere Stücke enthalten nur Einzelpersonen oder Paare vor einfarbigem Hintergrund (Abb. 109), aufwendigere hingegen zeigen lebhafte Szenen in teils angedeuteten, teils aber detaillierter ausgeführten Landschaften, die gelegentlich durch Gebäudegruppen angereichert sind (Abb. 93–96). Auch nur angedeutete Interieurs ließen sich hingegen auf derartigen Schachtelbildern bisher nicht finden. So erscheint auf einem solchen selbst ein Wochenbett auf einer Wiese (Abb. 110)!

Bei der Motivwahl ist die private Sphäre dominierend. Bedeutende Persönlichkeiten oder Ereignisse der Vergangenheit und der eigenen Epoche finden kaum Berücksichtigung. Nur zwei Beispiele sind bekannt, die die Niederlage Napoleons bei Waterloo feiern (Abb. 114),[10] ein drittes zeigt G. L. Blücher (1742–1819), einen der siegreichen Feldherren dieser Schlacht, ein weiteres enthält ein Konterfei seines Zeitgenossen, des Sultans Selim III. (1789–1807). Damit ist das bekannte Repertoire dieses Genres, abgesehen von ganz wenigen Sonderausführungen, erschöpft. Das muß insofern erstaunen, als ›politische‹ Themen auf Schnupftabaksdosen aus Kupfer und Messing sowie auf Bilderbögen häufig sind, Objektgruppen, die sich an die gleichen Bevölkerungsschichten wenden wie unsere Schachteln. Grund für diesen Unterschied mag sein, daß die Schachteln so gut wie ausschließlich für Frauen bestimmt waren.

Weiterhin fällt auf, daß das Arbeitsleben und seine typischen Gerätschaften – auch die aus dem Umkreis der Frau – kaum je Gegenstand von Schachtelbildern geworden sind, während derartige Motive auf farbig dekorierten Glasflaschen Thüringer Provenienz, die sich an die gleichen Käuferschichten wenden, häufig erscheinen.

Hauptthemen unserer Schachtelbilder sind dagegen die Freundschaft, vor allem aber Liebe und Ehe mit ihren guten und traurigen Seiten (Abb. 117). Des öfteren trifft man in dieser Gruppe Familienszenen mit biedermeierlich gekleideten Personen in einer heiteren Natur, so wie sie gleichzeitig auf Genrebildern und in Stammbüchern gern dargestellt werden (Abb. 107). Weit häufiger jedoch sind Liebespaare mit typischen Attributen und Beischriften. Aber es kommen auch Szenen mit tiefem Hintersinn vor, die menschliche Grunderfahrungen und moralische Anschauungen der Zeit anschaulich machen oder auch mit oft derbem Humor oder auch einem Schuß Frivolität relativieren und so den, der sich angesprochen fühlen muß, trösten können (Abb. 115, 116, 118, 125). Ein derartiges Thema ist die (noch) unerfüllte Liebe, ein anderes die Warnung vor dem unehelichen Kinde, wieder ein anderes der gehörnte Ehemann oder auch die getäuschte Ehefrau. Auch der Ehezwist wird anschaulich gemacht. Während sich das eigentlich Gemeinte mancher Bilder erst durch die Beischriften erschließt, greifen andere Beispiele auf zumindest den Zeitgenossen geläufige Topoi zurück, so etwa in Verwendung der uralten Tierallegorien und -symbole. Auf einer größeren Serie von Schachteln, die sich weit verstreut in Deutschland, Dänemark und den Niederlanden erhalten hat, wird zum einen die allbekannte Beziehung des listigen Fuchses zu den dummen Gänsen in verschiedenen Gestaltungen aufgegriffen, zum anderen aber werden Episoden aus dem Fabelkreis um Reineke Fuchs illustriert (Abb. 119–122).

Schachteln mit Tierdarstellungen haben im ganzen einen verhältnismäßig geringen Anteil an dieser Gruppe. Neben allegorischen Stücken und Jagdszenen sind nur gelegentlich Tiere in einer Baumkulisse anzutreffen, etwa Hirsche und Rehe oder Löwen, ganz gelegentlich auch große Einzelstudien (Abb. 123). So etwa besitzt das Städtische Museum Braunschweig eine Schachtel, die in das 18. Jahrhundert datiert wird, mit dem großen Bild eines aufrecht stehenden Fuchses. Bei der geringen Zahl der überlieferten Beispiele dieses Genres und dem Fehlen zuverlässiger Anhaltspunkte ist eine zeitliche Gliederung dieses Materials, wie K. Dröge sie versucht hat, schwierig. In die zweite Hälfte des 19. Jahrhunderts dürfte ein Schachtelbild mit einem großen, buntgefiederten Vogel zwischen großen Blütenzweigen gehören, das in ähnlicher Art wiederholt vorkommt (Abb. 124, 126).

Der Malstil der zuletzt beschriebenen großen Gruppe von Schachteln zeigt gewisse Übereinstimmungen. Auch kehren auf den meisten Beispielen typische Versatzstücke wieder: In der einen Gruppe handelt es sich um Bäume und Büsche eines bestimmten Typs, in der anderen Gruppe um überdimensionierte Blütenzweige. Diese Bildelemente, aber auch kleinere Unterschiede in der Zargengestaltung dürften Ansatzpunkte bieten für eine Zuordnung der Stücke zu einzelnen Werkstätten oder Werkstattorten und -gruppen sowie zu einer genaueren zeitlichen Differenzierung. Voraussetzung dafür freilich ist eine umfängliche Dokumentation der erhaltenen Schachtelbilder. Ungeklärt muß nach wie vor bleiben, ob die Maler die so mannigfachen Schachtelbilder dieser Gruppe nach Vorlagen gearbeitet haben und gegebenenfalls nach welchen.

In der Gruppe der großen, ovalen Schachteln mit Lochnaht sind in nur sehr geringer Anzahl Stücke überliefert, die von den zuvor beschriebenen Malereien ganz abweichen. Anzuführen sind da die sogenannten Architekturen mit vieltürmigen Bauten, die überwiegend pagodenartigen Charakter besitzen (Abb. 143, 144). Dieses Motiv findet man häufiger als auf Schachteln auf truhenförmigen Kästchen und schmalen Federkästen, die in größerer Zahl im Spielzeug-Museum Sonneberg erhalten sind, aber auch in anderen Museen, und die überwiegend in das 19. Jahrhundert datiert werden. Hier hat offenbar die Chinamode des 18. Jahrhunderts mit ihrer Imitation fernöstlicher Architekturmotive einen letzten, stark simplifizierenden Niederschlag gefunden, ohne daß den Schachtelmalern ostasiatische Vorlagen direkt bekannt gewesen sein dürften. Vorbilder für die Schachtelmaler können die feineren Darstellungen auf Fayencen geliefert haben, wie wir sie beispielsweise von Erzeugnissen der Manufakturen in Erfurt und in Abtsbessingen in Thüringen kennen. Unklar bleibt, ob eine Beziehung dieses Motivs zu jenen Schachtelmalereien besteht, die Ernst Julius von Schütz 1770 aus Grünhainichen am Erzgebirge erwähnt:[11] »So chinesisch auch die Mahlerey auf einigen Kästgens und Schachteln manchen scheinen möchte, so wird doch dergleichen Mahlerey von niemanden als den hierinnen sattsam geübten unternommen.«

Eine größere – nach Gestaltungsunterschieden in sich zu differenzierende – Gruppe mitteldeutscher Schachtelmalereien ist andererseits charakterisiert durch Blumendarstellungen auf Deckel u n d Zargen. Die eine Gruppe dieses Grundtyps (Abb. 127–130) umfaßt große, ovale Schachteln mit Lochnaht mit hellem Grund (blaugrau, beige, rosa). Darauf enthält die Deckelplatte ein verhältnismäßig karges Blumenstück – oft mit einem Vogel – oder aber einen dichteren Blumenkranz. An den Zargen erscheint ein schmaler Fries aus gleichartigen, sparsam angebrachten Blüten und Blättern. Zu datieren sind derartige Stücke in der Regel in die zweite Hälfte des 19. Jahrhunderts. Aus diesem stammen auch ganz überwiegend die Vertreter einer zweiten Gruppe. Dazu sind ovale, teils geklebte, teils mit Lochnaht versehene Stücke unterschiedlicher Größe mit kräftigem Grundanstrich in Blau oder leuchtendem Rot zu rechnen. Auf Zargen und Deckelplatte sind dichte Blütenkränze gemalt. Auf der Platte umschließen diese oft einen Spruch oder eine Widmung. Die Blütenkränze entsprechen übrigens der Zargendekoration auf zahlreichen Schachteln mit Genredarstellungen. Sie erscheinen überdies auf bemalten Möbeln, wie sie jetzt im agrarhistorischen Museum Kloster Veßra bei Hildburghausen in Thüringen gezeigt werden und wie sie in dem Dorf Schnett im Thüringerwald bemalt worden sind. Hier wurde nachweislich besonders lange auch Schachtelmalerei betrieben (vgl. S. 28). Das legt die Lokalisierung jenes Blumenmotivs auf Schachteln nach Schnett zumindest nahe. Ähnliche Blumenstücke und sparsamen Zargenschmuck aus Blüten und Fiederblättern enthalten die wohl aus dem ausgehenden 19. Jahrhundert und dem Anfang des 20. Jahrhunderts stammenden runden Schachteln, die als Verpackung von Süßigkeiten zu besonderem Anlaß im Handel waren (vgl. S. 80 f.; Abb. 131–133). Andere ovale, sämtlich nur kleine Beispiele zeigen im 19. Jahrhundert Blüten und Tiere in realistischer Darstellung in gedämpften Farben (Abb. 135–137). Jüngere Arbeiten, wie wir sie aus dem ersten Teil des 20. Jahrhunderts u. a. von Reißmann und Greiner in Neustadt bei Coburg kennen, enthalten ebenfalls Tierdarstellungen. Sie sind in kräftigen Farben gehalten. Solche wurden auch für die winzigen ›Messeschachteln‹ (vgl. S. 81) bevorzugt, die teils auf farbigem Grund, teils auf blankem Holz mit einem kunstlosen Punktdekor in mehreren Farben und gelegentlich mit einem Schmuckbuchstaben verziert worden sind (Abb. 139, 140).

Spanschachtel und Druckgraphik

Der Schmuck der Spanschachteln durch Druckgraphik hat – abgesehen von den nur zweckgebundenen, über den Inhalt informierenden Etiketten – eine bis in das 16. Jahrhundert zurückreichende Tradition, aber nach Qualität und Charakter in den einzelnen Epochen sehr unterschiedliche Erscheinungsformen.

Am qualitätvollsten erscheinen noch die ältesten überlieferten Beispiele aus der zweiten Hälfte des 16. Jahrhunderts. Auf ihre Hauptgruppe, die sich im Germanischen Nationalmuseum in Nürnberg befindet, hat Hans Bösch bereits 1890 hingewiesen (Abb. 146–148).[1] Sie besteht aus kleineren, geklebten, überwiegend runden sowie zwei unvollständigen ovalen Schachteln. Außen auf der Deckelplatte und auf den Zargen sind diese mit kolorierten Holzschnitten beklebt, eine dieser Schachteln ist innen in gleicher Weise ausgekleidet, einige der anderen aber sind innen mit Buntpapier ausstaffiert. In die gleiche Reihe gehört ein ovales, nur außen mit Graphiken beklebtes Stück, das bereits 1894 aus einer alteingesessenen Lüneburger Familie in die kunstgewerbliche Sammlung des Leibnizhauses in Hannover und von hier in das dortige Historische Museum am Hohen Ufer gelangt ist. Das zeigt, daß dieses Genre, das zu den sogenannten Nürnberger Waren zu rechnen ist, weit über den Ursprungsort hinaus verbreitet wurde.

Die zu dieser Art Schachteldekoration verwandten Blätter sind offensichtlich in der Regel von vornherein zu dieser Verwendung angefertigt worden, entsprechen doch ihre Form und ihr Format den Schachteln. Die runden, für die Deckelplatten verwandten Darstellungen sind jeweils von einem oder mehreren Randfriesen gerahmt. Für Schachteldeckel von geringerem Umfang konnten diese Blätter entsprechend beschnitten werden, ohne daß der Verlust dem Beschauer augenfällig wurde.

Die Darstellungen sind überwiegend als Arbeiten des Nürnbergers Jost Amman (1539–1591) zu identifizieren.

Mit Einzelblättern sind an unseren Schachteln auch Virgil Solis (1514–1562) und Hans Sebald Beham (1500–1550) nachgewiesen.[2] Abgedeckt ist mit jenen Schachteldekorationen das Spektrum der zeitgenössisch beliebten Themen religiöser, mythologischer und profaner

Art. Unter den christlichen überwiegen Darstellungen zu alttesta-
mentlichen Geschichten: Judith und Holofernes (Abb. 146), Susanna
im Bade, Lots Flucht, Sodom und Gomorrha, die Josefsgeschichte und
Szenen aus der Tobiasgeschichte sind anzuführen. Unter den profanen
Motiven scheinen besonders Szenen beliebt gewesen zu sein, die ta-
felnde Gesellschaften in verschiedenartiger Gestaltung wiedergeben,
und Paare (Abb. 148). Verständlicherweise nur an den Zargen trifft
man umlaufende Friese mit Arabesken, in die in einem Teil der Beispiele antikisierende Köpfe und Puttos hineinkomponiert sind.
Auf jüngeren Schachteln sind Graphiken nur auf Deckelplatten anzutreffen, die sie im Gegensatz zu den zuvor beschriebenen älteren Beispielen nicht ausfüllen.
Eine kleine Gruppe überwiegend runder Schachteln (Abb. 141, 142)
mit Graphiken, zu der nach dem derzeitigen Kenntnisstand 14 kom-
plette Exemplare und eine einzelne Schachtelzarge zu rechnen sind,
zeigt auf den Deckelplatten zum Teil beschnittene, quadratische beziehungsweise rechteckige Graphiken. Sie sind so weitgehend zerstört,
daß man nur noch vermuten kann, daß es sich um Holzschnitte handelt. Diese sind offensichtlich sehr grob gearbeitet und ebenso grob in
Teilen rot und grün koloriert worden. Auf einem Beispiel erkennt man
undeutlich eine weibliche Figur, auf einem anderen ein Paar, auf wieder anderen eine Gliederung in mehrere Felder mit Tier- und Pflan-
zendarstellungen. Die Zargen dieser Schachteln sind auf rohem Holzgrund flüchtig mit schneckenförmigen Ornamenten, in einem Fall mit
schrägen Strichen, überwiegend ebenfalls in Rot und Grün, vereinzelt
auch in Gelb und Blau bemalt und dann farblos lasiert worden. Das
Stück mit der weiblichen Figur, das sich im Braunschweigischen Landesmuseum befindet, enthält auf der Graphik eine nur noch zum geringen Teil zu entziffernde Umschrift mit ›1629‹. In die gleiche Zeit,
das 17. Jahrhundert, wird ein anderes Stück dieser Gruppe – freilich
mit Fragezeichen – datiert, das das Museum für Deutsche Volkskunde
in Berlin (West) besitzt. Einige Kriterien sprechen gegen ein derart hohes Alter dieser Schachteln. Übrigens wurden die meisten Exemplare
dieser Serie im Raum um Celle aufgefunden, eins in der Nähe von
Flensburg, drei auf dem östlichen Eichsfeld. Ein Exemplar unbekannter Provenienz hat sich im Museum für Volkskunst in Dresden erhalten.
Besonders während des Barock und Rokoko war es eine beliebte Beschäftigung von Damen gehobener Stände bis hin zu höfischen Kreisen, die in Kupfer gestochenen Teile von Kupferstichen fein auszuschneiden und neu zu applizieren. Gern benutzte man Seidenstoffe als

66

Grundlage dafür. Gelegentlich hat man dieses Verfahren auch für kleine runde und ovale Schachteln angewandt, die zuvor koloriert worden waren. Einige Beispiele dafür befinden sich im Germanischen Nationalmuseum in Nürnberg (Abb. 149), eines im Heimatmuseum Berchtesgaden. Es handelt sich wohl um individuelle Schöpfungen von Laien. Eine serielle Herstellung zu kommerzieller Verwertung ist nicht bekannt geworden.

Die populäre Druckgraphik, die sich im 19. Jahrhundert nach dem Aufkommen preiswerter Herstellungsverfahren außerordentlich verbreitete, ergriff seit der Mitte des 19. Jahrhunderts auch von den Spanschachteln Besitz,[3] waren letztere doch in den gleichen Bevölkerungsschichten verbreitet, die es liebten, Schränke und Truhen, aber auch die Zimmer mit derartigen Bildern zu schmücken. Wir finden jene Drucke vorzüglich auf den großen ovalen Haubenschachteln mit Lochnaht, deren Zargen durch Friese mit wulstigen Rosen und Veilchen beziehungsweise mit Nelken auf rotem oder blauem Grund geziert sind (Abb. 150, 151). Die Deckelplatte derartiger Stücke zeigt eine zumeist farbig abgehobene Randkante, auf der in flüchtiger, weißer Kursive eine Aufschrift, ein Spruch oder das Thema des Bildes in Verbindung mit einem Ornament angebracht ist. Die Randleiste umschließt ein überwiegend rot, seltener blau oder grün gehaltenes Feld, in das der Druck eingeklebt ist. Oft wird es von einem aufgemalten Rahmen aus Linien oder Arabesken in Weiß eingeschlossen. Nur vereinzelt sind beiderseits des Druckes im Feld jene großen Blüten angebracht, wie sie auf gemalten Schachtelbildern mit Genreszenen erscheinen. Die stets farbigen Bilder sind überwiegend querrechteckig, seltener hochrechteckig oder oval. Es scheint, daß sie im Gegensatz zu den Holzschnitten, die im 16. Jahrhundert zur Schachteldekoration verwandt wurden, nicht eigens zu diesem Zweck angefertigt worden sind. Für die Stücke aus dem 19. Jahrhundert finden wir an Druckverfahren jene Techniken, die im Laufe dieser Epoche allgemein typisch für die populäre Druckgraphik geworden sind, von der kolorierten über die Farblithographie, den kolorierten und den Farbholzstich bis hin zum Öldruck.

Unter den Darstellungen überwiegen Genreszenen, etwa Mutter und Kind beim Spaziergang, ein Liebespaar vor einer Baumkulisse, spielende oder tanzende Kinder, vornehme Damen und eine Gärtnerin im Park, ein heimkehrender Seemann oder Musikanten vor einer mittelalterlichen Stadtkulisse. Gelegentlich enthalten die Blätter, die die Tradition der gemalten Genreszenen fortführen, erläuternde, zum Teil gereimte eingedruckte Texte oder einen Bildtitel.

Künstlersignaturen sowie Verlags- und Druckereiangaben konnten bisher auf keinem dieser Blätter entdeckt werden. Ebensowenig ließen sich Exemplare der für die Schachteln verwandten Blätter in den einschlägigen Werken über populäre Druckgraphik wiederfinden. Nahe den Thüringer Zentren der Schachtelmacherei und -malerei, denen die beschriebenen Exemplare mit Graphiken vermutlich entstammen, war im 19. Jahrhundert in Hildburghausen mit dem Bibliographischen Institut eine sehr potente und produktive Verlagsanstalt ansässig, die auch populäre Druckgraphik herausgebracht hat. Es ist naheliegend, daß von hier Blätter für die Schachteldekoration bezogen wurden. Das freilich bedarf einer besonderen Untersuchung.

In Museen sind Beispiele für diesen Typ der Schachteldekoration in nur kleiner Zahl vorhanden. Langhin hat man nämlich diese hier wegen der – verglichen mit den bemalten Stücken – als minder angesehenen Qualität für nicht sammelnswert gehalten. Gleiches gilt für die kleineren mit Drucken beklebten Schachteln für Wallfahrtsandenken.

Schachtelsprüche

Solange sich Schachtelmalerei nachweisen läßt, wird diese durch Aufschriften ergänzt. Bereits auf dem ältesten derartigen Beispiel aus dem 14. Jahrhundert sind die bildlichen Darstellungen mit kleinen Texten verbunden. Freilich ist das in einer sonst nicht üblichen Form geschehen: der Abendmahlsdarstellung auf der Deckelplatte ist – angebracht teils als quer über die Platte verlaufender Schriftbalken, teils als Umschrift – das entsprechende Bibelzitat Matth. 26, 26 in lateinischer Sprache beigegeben (Abb. 4).[1]

Schachtelsprüche finden sich im übrigen überwiegend auf mitteldeutschen Erzeugnissen, am häufigsten auf solchen aus dem 19. Jahrhundert. Für die Stücke mit biedermeierlichen Genreszenen ist eine Aufschrift über der Darstellung ›im Himmel‹ typisch. Die späteren Exemplare mit aufgeklebter Graphik dagegen zeigen die Texte in der Regel als Randschriften.

Die Beispiele mit großen, statischen Einzelfiguren oder Paaren weisen nur gelegentlich Inschriften auf, die zumeist unterhalb eines Steges, auf dem die Figuren stehen, zu finden sind.

Darstellung und Text wirken oft graphisch wenig integriert. Es scheint, daß die Schrift oft von anderer Hand stammt als der übrige Dekor. Die Schriftzüge sind zumeist kunstlos und eilig hingeworfen, wie es dem billigen Massenprodukt entspricht.

Abgesehen von dem frühesten Beispiel begegnen wir auf den ja sämtlich wesentlich jüngeren, erhaltenen Schachteln nur deutschen Texten: Der Abnehmerkreis gehörte – im Gegensatz zu jenem frühen in einem adligen Damenstift überlieferten Stück – sozialen Schichten mit verhältnismäßig geringem Bildungsstand an, in denen man eine Kenntnis von Fremdsprachen nicht erwarten konnte. Jene mittelalterliche Schachtel trägt als einzige mitteleuropäische, zusätzlich auf der Zarge des Korpus Sprüche, die den sechs darauf enthaltenen Medaillons mit Vogeldarstellungen zugeordnet sind. Es handelt sich um lehrhaft-moralisierende Sentenzen, die Vögeln in den Mund gelegt sind, wie beispielsweise der Turteltaube »Vmmer mer sy war dyn wort, ffluog dy lögene so eyne(n) mort« (»stets sei wahr dein Wort, fliehe die Lüge wie einen Mord«). Diese Vogelsprachen oder -parlamente, formelhafte

Mahnungen, sind im Mittelalter recht verbreitet gewesen und in zahlreichen Fassungen überliefert.[2] Unsere Version ist in der mittelhochdeutschen Gemeinsprache der Zeit gehalten. Auch späterhin findet man in Schachtelsprüchen nur äußerst selten mundartliche Eigenheiten, wie etwa in einem süddeutschen Beispiel aus der Zeit um 1800: »A Buchsn, de knallt, a Madl, de ma gfallt, an Bock und an Hirsch, gang i allwei auf Pirsch.«

Da für einen regional weit ausgebreiteten Abnehmerkreis gearbeitet wurde, mußten sich die Produzenten eines allgemein verständlichen Hochdeutsch befleißigen, das mitunter geradezu hyperkorrekt erscheint, so etwa wenn man unangemessen ›ö‹ zu ›e‹ entrundet (›schen‹ statt ›schön‹) oder ›ü‹ zu ›i‹ (vergniegt statt vergnügt). Auch da, wo Inschriften auf den Verkauf der Schachteln auf Märkten im niederdeutschen Sprachgebiet (Helmstedt,[3] Gegend von Lüchow in Niedersachsen, Mecklenburg[4]) hinweisen, bediente man sich darauf des Hochdeutschen. Da mag auch mitgespielt haben, daß die Stücke als Braut- oder Freundschaftsgeschenke einer gehobenen Sphäre angehörten und dementsprechend gehobene Sprachformen benutzt wurden, die sich von der plattdeutschen Alltagsmundart ebenso abhoben wie etwa die Sprache des Gesangbuches und der Bibel.

Die meisten Schachtelsprüche sind in gereimter Form gehalten. Überwiegend werden ›Zweizeiler‹ angebracht, die durch Endreime gebunden sind. Diese sind freilich nicht selten unrein, so wie wir es auch sonst in Gelegenheitsdichtungen oft beobachten können. Alliterationen kommen häufiger vor und machen die Texte leicht eingängig. Dem dient auch die Tatsache, daß die Inschriften oft in Gestalt von Frage und Antwort erscheinen oder aber in die Form des Imperativs gekleidet sind. Das erzeugt zugleich ein hohes Maß an Lebendigkeit.

Unsere Inschriften sind zur Gruppe der sogenannten Bildersprüche zu zählen, wie sie seit dem späten Mittelalter zur Ergänzung bildlicher Darstellungen üblich waren. Überwiegend werden auf den Schachteln bekannte Topoi aufgegriffen. Neben einer Charakteristik des Bildinhaltes findet man nicht selten Texte, durch die der vordergründigen Anschauung, die das Bild bietet, ein tieferer Hintersinn beigelegt wird.

Die Schachteln wurden im Gegensatz zu den meisten Trinkgläsern nicht auf Bestellung bemalt und beschriftet, sondern für einen sozial zwar den gleichen Schichten angehörenden, aber regional weit gestreuten und im einzelnen unbekannten Abnehmerkreis. Daher mußte man versuchen, im voraus den Geschmack der unbekannten Käufer zu treffen.

Man formulierte offensichtlich – passend zu den Schachtelbildern –

gängige Erfahrungen, oft in Anlehnung an bekannte Spruchweisheiten. Auffallenderweise übernahm man diese aber zumeist nicht wörtlich. »Dieses ist der Mühe werth, wenn wahre Freundschaftspflicht bei Wiedersehen zeichet (= zeigt), alte Liebe rostet nicht«, bringt etwa in den letzten Teil der Aufschrift das verbreitete Sprichwort ein. Nur äußerst selten wird direkt auf literarische Vorbilder zurückgegriffen, wie es in Stammbucheintragungen nicht selten zu beobachten ist. Jenes Vorgehen mag einerseits daran liegen, daß die Abnehmer der Schachteln nicht jenes Bildungswissen besaßen, wie es bei Schreibern und Lesern von Stammbucheintragungen zu erwarten ist. Andererseits mag das in der Mentalität der Ausfertiger der Schachtelsprüche begründet sein. Über sie und über ihre Quellen wissen wir kaum etwas. Interessanterweise soll noch 1908 der Schachtelmaler Michael Greiner in Steinach im Thüringerwald aus seiner Familie, in der sich die Schachtelmalerei bis in das 17. Jahrhundert zurückverfolgen läßt, ein Spruchalbum besessen haben. Darin sind nacheinander von verschiedenen Händen etwa 300 Sprüche verzeichnet worden, die als Schachtelinschriften verwandt wurden.[5] Vorlagen beziehungsweise Verfasser für diese Sammlung sind unbekannt. Die Vermutung, daß ursprünglich Sonneberger Kaufleute den Schachtelmalern derartige Spruchsammlungen zur Verwendung auf Schachteln überlassen haben, erscheint zweifelhaft.

Die mehrfach erwähnte mittelalterliche Schachtel hatte direkt und wortgetreu einen Bibeltext übernommen. Auf den späteren Stücken findet man nur gelegentlich Bibelzitate und Gesangbuchverse, wie sie andererseits gleichzeitig gern als Hausinschriften Verwendung gefunden haben. Ein interessantes Beispiel ist da eine Schachtel aus der Mitte des 18. Jahrhunderts. Auf ihr ist die Darstellung eines Liebespaares ergänzt durch Strophe 5,1 des bekannten Kirchenliedes »Jesu meine Zuversicht« des Lausitzers Johann Franck (1618–1677), die da lautet »Gude Nacht, o Wesen, daß die Welt erlesen, mir gefallst du nicht«. Mit Leichtigkeit dürften die meisten Leser die Fortsetzung haben ergänzen können: »gute Nacht ihr Sünden, bleibet weiter dahinten«. Der Hintersinn als Mahnung an das Liebespaar (und damit an den Schenker und die Beschenkte) ist offenbar, nichts moralisch Unrechtes zu tun. Gleiches gilt für die Warnung »Gott siehet alles«, die auf einer anderen Schachtel (datiert 1750) mit gleichartigem Bildmotiv die Aufschrift »Mein Herz und dein Herz ist ein Herz« ergänzt. Mit »An Gottes Segen ist alles gelegen« nimmt ein anderes Beispiel eine geläufige Wendung auf, wieder eine andere zeigt das bekannte »Wer auf Gott vertraut, hat wohl gebaut im Himmel und auf Erden«, das bereits 1595 in

Georg Rollenhagens Froschmäuslern belegt ist und auch als Hausspruch vorkommt. Insgesamt freilich ist der Anteil christlich-religiöser Zeugnisse an den Schachtelsprüchen ausnehmend gering. Die meisten finden sich auf Objekten aus dem 18. Jahrhundert. Die aufgezeigte Tendenz entspricht der allgemeinen Profanisierung der Lebensverhältnisse.

Zufriedenheit mit sich und der Welt, wie sie biedermeierlicher Beschaulichkeit entspricht, moralisierende Ratschläge und Versicherungen der Freundschaft, vor allem aber die Liebe mit ihren Höhen und Tiefen sind Lieblingsthemen der Schachtelsprüche. Auch dem verbreiteten Sinn für Derbheiten trägt man Rechnung.

Die meisten der mit Sprüchen versehenen Schachteln sollten als Liebesgaben von den Käufern verschenkt werden. Dementsprechend wurden schon die Aufschriften ausgewählt. So konnte der junge Mann dem Mädchen seine Wünsche und Vorstellungen offenbaren: »Gleich wie unsere (das heißt meine) Treu, so auch eure (das heißt deine) sei«, mochte er wünschen oder aber das in Varianten häufiger nachgewiesene »Liebe mich, wie ich dich« fordern, das in einem Fall ergänzt ist durch »dann bleibt die Liebe beständig«. Der Kavalier mochte wohl auch ausrufen »Drücke Dich an meine Brust, du bist meines Herzens Lust« oder »Auf Gesundheit meiner Schönen, will ich jetzt di(e)s Glaß auslehren«. Das Glück der Liebe zeigt sich in »Ich gehe zwar gern spatziren. Doch muß ich auch ein mädgen finden«. »Ich bin sehr höflich und bescheiden, drum können mich die Jungfern leiden« preist ein Kavalier seine Qualitäten oder ein anderer »Treu, verschwiegen in der Still, jederzeit ich lieben will«. Treue Liebe und Geduld bis zu ihrer Erfüllung ist ein häufiges Motiv: »Die Hertzen stehn feste, hoffen in Geduld das Beste«. »Du wirst rühmen meiner Treu, wie mein Hertz beschaffen sey«. Die Ehe gilt als Lebensziel, und dem wird häufig in Schachtelsprüchen Ausdruck verliehen: »Ein gutes Mädchen auf Erden, was wünscht auch eine Frau zu werden«. »Kein bessres Glück auf Erden als Braut und Bräutigam werden«. »0, wie wird mein Schätzchen lagen (= lachen), wen wier werden Hochzeit machen« (mehrfach in Varianten). »Hans, wie du wil(ls)t, so mach nur bald, ich bin schon 30 Jahre alt«.

Auch die Unsicherheiten der Liebe finden Beachtung: »Die Liebe gleicht den Lotterien, ein jeder will das beste ziehen«. Schlechte Erfahrungen teilt man – vielleicht als Trost – mit »Marg(re)t ich sag dir ins Gesicht, Du läst von dem Michel nicht.« »Ihre Reden sind nur Wind. Und ihr Herz ist falsch gesinnt«. »Woran fehlt es der Erde nim(m)er? an Übel und an Frauenzimmer.«

Einer ganzen Reihe derartiger Sprüche haften Gesellschaftskritik und oft ein deutlicher erotischer Hintersinn an. So etwa heißt es: »Nach Witwen Fleisch gelüstet mich. Ihr Tun hält auch viel eher Stich«. Wenn einer Frau mit Wickelkind und dem Ehemann der Spruch beigegeben ist: »Was der Himmel mir beschieden, mit dem bin ich zufrieden«, so bedarf es keines weiteren Kommentars. In die gleiche Richtung geht: »Ihr Jungfern nehmt euch wohl in Acht, sonst werd ihr ausgelacht«. In den gleichen Umkreis gehört »Lieber Michel, stoß mich besser, so wird meine Lust viel größer« als Beischrift zur Darstellung eines Paares. Die Erläuterung eines Hahnenreiters »Mein Hahn, der ist nun so und so, er macht die fremden Hühner froh« (Abb. 116) greift das uralte Motiv des Hahnreis auf. Auf einer Landschaftsdarstellung mit einem Mann, der ein Schwein reitet, liest man andererseits die hintersinnige Anspielung »Bruder schlacht' die fette Sau, stich mir nur nicht meine Frau«. Vergleichbare deftige Aufschriften finden sich auf etwa gleichzeitig im südthüringischen Römhild hergestellter Keramik. Es scheint, daß da eine Beziehung besteht.

Gelegentlich findet man jene Naturschwärmerei, wie sie in der Literatur vor allem im trivialen Bereich als Replik der hohen Kunst anzutreffen ist. »Lockt uns der Lenz auf die verjüngte Flur, so singen wir laut die Feyer der Natur«, begleitet etwa eine biedermeierlich gekleidete Familie in einer sparsam angedeuteten Naturkulisse (Abb. 107).

Auch jene Blumenbilder, wie sie sich in der Glückwunschkarte und im Poesiealbum bis heute erhalten haben,[6] begegnen als Metaphern: »Wer sich wird bei mir einfinden, (dem) will ich Blumensträuße winden« scheint eine Tänzerin in ländlichem Kostüm zu sagen. Ein spätes Beispiel notiert »Könnt ich das Glück wie Rosen binden, wie solltest du glücklich sein, ich würde nicht die Kränze winden und alles gute mit hinein« und wieder ein anderes »Liebe lockt zum trauten Kosen, flicht in unsern Lebenskranz immer frische Rosen«.

Eine andere, recht kleine Gruppe von Schachtelsprüchen gibt vordergründig den Bildinhalt – fast in Art einer Überschrift – wieder. So ist die Darstellung von zwei Schlittschuhläufern ergänzt durch die banale Aufforderung »Bruder fahre nur mit Fleiß, hier auf diesem glatten Eis« (Abb. 108).

In einigen Fällen kann man Text und Bild in Verbindung mit dem Schachtelinhalt als Werbung deuten. »In kleinen Schachteln sind die besten Salben«, heißt es etwa. Oder die erwähnten Schachteln mit ›Guckkasten-Motiven‹ werben für den Besuch beim ›Guckkastenmann‹: »Wer zwei Kreuzer raus will rucken, Darf in meinen Kasten gucken« oder: »Ich zeige hier vor wenig Geld / Die schönsten Städt der gantzen Welt«. (Abb. 113).

Die Aufschrift »Caffe und Zucker fahr ich bey / Damit ein jeder sich erfreu«, mag ebenfalls auf den Inhalt deuten, verwahrte man doch beide Waren in Schachteln (Abb. 112). So etwa wurde einem Krämer in dem Dorf Bahrdorf nordöstlich Braunschweigs 1768 eine Schachtel mit Zucker gestohlen.[7]

Verwendung

Bis weit in das 19. Jahrhundert hinein bildete Holz d a s Verpackungsmaterial schlechthin. Für größere Gegenstände und Warenmengen benutzte man vorzugsweise Fässer und Kisten, für kleinere aber galt, soweit das Gewicht des Inhalts nicht zu groß war, die Spanschachtel häufig als einzig brauchbare Verpackung. Leicht an Gewicht und doch
haltbar sowie außerordentlich geschmacks- und geruchsneutral, bot
sie günstige Voraussetzungen als Versandmaterial und diente hernach
oft im Haushalt der Verwahrung der verschiedensten Dinge. So nennt
der erwähnte Christoff Weigel [1] in seinem Ständebuch von 1698 »Pack-
und Fuderschachteln, groß' und kleine Apotheker-Schachteln . . . ab-
lange (= ovale) große Peruquen- und kurtze Federschachteln, runde
hohe Hauben- und niedrige Latwergen- (= eine Art Gel) Schachteln«.
Andererseits gibt ein Bericht aus dem Jahre 1867 aus Thüringen einen
Eindruck von der vielseitigen Verwendung:[2] »Man fertigt (im Thüringerwald) Schachteln jeglicher Größe: pfenniggroße für Saffran, kreu-
zergroße für Pillen, mittlere für Pomade, (Schuh-)Wichse und Schwe-
felhölzer, größere für Arzneigläser.« Unerwähnt bleiben hier auffallenderweise Schachteln als Verpackung von Devotionalien und Spielzeug, wie sie in allen mitteleuropäischen Handels- und Produktionszentren nachweisbar sind. Beispielsweise nennt ein Warenverzeichnis
des Braunschweiger Kaufherren Hans Böhn aus dem Jahre 1693 unter
anderem an Spielzeug »69 Schachteln mit Spinnrädern und alleley Figuren, 72 Schachteln mit Däublein (= Täublein)« sowie »6 Schachteln
mit Kutschen und 6 Pferden«.[3] Letzteres ist zugleich ein früher Beleg
für ein typisches Berchtesgadener Erzeugnis, das bis heute hergestellt
wird (vgl. Abb. 49).
Eine lange, bis in das Mittelalter zurückreichende Tradition hat die
Verwendung von Spanschachteln zur Verwahrung von Archivalien
sowohl im öffentlichen [4] wie im privaten Bereich.[5] Teile des Lüneburger Ratsarchivs etwa wurden so deponiert. Schachteln wurden aber
auch benutzt als Originalverpackungen für Nadeln, für Glasperlen, für
Kaffee und für Konfekt, unter anderem für den beliebten ›türkischen
Honig‹.

Für Arzneien sowohl in fester wie in pulverisierter Form[6] wie auch als Umhüllung von Arzneifläschchen waren unsere Schachteln so dominierend, daß jene fliegenden Händler, die diese an der Haustür vertrieben, schlechthin als ›Schachtelkrämer‹ bezeichnet wurden.[7] Das in Königsee in Thüringen beheimatete Wandergewerbe, das bestimmte Naturheilmittel, sogenannte Olitäten, in Spanschachteln vertrieb, rief in der Nachbarschaft seit dem ausgehenden 18. Jahrhundert eine entsprechende, umfangreiche Schachtelproduktion gewissermaßen als Hilfsgewerbe ins Leben.

Der Apotheker verwahrte einen Teil seiner Drogen in größeren Spanschachteln. Dazu waren diese mitunter durch kleine Brettchen in Fächer unterteilt. Derartige Schachtelserien erkennt man häufiger auf bildlichen Darstellungen alter Apotheken, so bereits auf einer mittelalterlichen Miniatur zu dem ›Canon medicinae‹ des Arabers Avicenna (980–1037), der um 1440 in Oberitalien entstanden ist. Ein anderes Beispiel bietet die Offizin eines Salbenhändlers im Münster zu Konstanz am Bodensee aus dem Ende des 13. Jahrhunderts.[8] Diese serielle Verwendung gleich großer Stücke, die sonst selten ist, führte zur Kennzeichnung des Inhalts entweder lediglich durch aufgemalte Aufschriften oder aber durch solche in Verbindung mit prächtigen Dekors oder aber durch ausgefüllte, oft dekorativ gestaltete Klebeetiketten (Abb. 145, 155). Diese verbreiteten sich sonst zur Kennzeichnung des Schachtelinhalts sowie des Herstellers offenbar erst im 19. Jahrhundert in nennenswertem Umfang. Häufig enthalten sie lediglich die nötigen Sachinformationen in kunstlosem Druck, während die in anderen Bereichen häufigeren, zugleich als Werbemittel eingesetzten Luxusetiketten nur gelegentlich zu finden sind.[9]

Seit dem ausgehenden 19. Jahrhundert wurden die Spanschachteln als Verpackungsmittel schnell durch die seit dem 18. Jahrhundert vorkommenden Kartonagen und die erst später erfundenen Weißblechdosen verdrängt. Dabei ahmten die Stücke aus den neuen Materialien zunächst die Form der hölzernen Vorbilder, die ja materialbedingt war, geradezu sklavisch nach.

Neben den neuen Verpackungen weiterverwandt wurden die teureren Spanschachteln als Originalhülle in nur wenigen Bereichen, teils wegen besonderer Eignung, teils um den Wert der Waren dadurch zu betonen, teils aber lediglich aus Tradition. Man benutzte sie so noch für die unterschiedlichsten Gegenstände, etwa Devotionalien, bestimmtes Spielzeug, Nachtlichter (Abb. 156) und insbesondere verschiedene Nahrungs- und Genußmittel. Für Schneeberger Schnupftabak und den Versand von Erdbeeren beispielsweise wurden noch in der Zwischen-

76

kriegszeit im Erzgebirge Spanschachteln produziert. Heute verwendet man diese als serielle Originalverpackung nur noch äußerst selten, so in Frankreich für bestimmte Käsespezialitäten und für ein besonderes Gebäck, die ›Madeleines de Commercy‹ sowie gelegentlich für Konfekt. Die hölzerne Verpackung wirkt feuchtigkeitsausgleichend. Dadurch ist sie besonders geeignet für Backwaren. Diese Erfahrung wurde offenbar bereits früh gemacht. So zeigt ein Ölgemälde aus der Zeit um 1480, das den Tod Marias als Szene in einem bürgerlichen Interieur wiedergibt, eine schmale, ovale, blanke Spanschachtel mit verschiedenem mit Zucker bestreutem Gebäck und Konfekt.[10] Ebenfalls bereits im 15. Jahrhundert wird der Begriff Schachtel im Sinne von ›Behältnis für Konfekt‹ in der Literatur benutzt.[11] Weitere Beispiele für diese Verwendung trifft man auf Stilleben des 17. Jahrhunderts.[12] Auf ihnen erscheinen blanke Spanschachteln aber auch als Behältnisse wertvoller Kunstkammerobjekte und Dokumente.[13]

Sätze von Spanschachteln gehörten offensichtlich auch zur Ausrüstung der berühmten Kunstschränke. So enthielt der 1617 dem Besteller übergebene Pommersche Kunstschrank »ain einsatz mit 19. eingelegten in ainander stekhenden bertelgaders (Berchtesgadener) ledlen«, das heißt 19 Schachteln »aus braunem Holz, Deckel und Boden der größeren aus streifenförmigem Holzmosaik; die kleineren bestehen ganz aus Mosaik« (größte Schachtel: Höhe 8, Durchmesser 7, kleinste Höhe 0,4, Durchmesser 0,3 cm). Im Florentiner Schrank befinden sich zwanzig, im Kunstschrank der Herzogin Sophie Elisabeth von Braunschweig (1635–76) zwölf derartige Schachteln.[14]

Den größten Anteil an der Produktion besaßen zweifellos stets die blanken Versandschachteln als ausgesprochenes Verpackungsmaterial. Allenfalls waren sie mit Absender- und Empfängerzeichen oder -namen versehen und bei wertvollem Inhalt zusätzlich versiegelt. Der Käufer beziehungsweise Empfänger nutzte diese haltbaren Behältnisse auch sekundär weiter für allerlei kleinen Hausrat, für Dokumente oder Gegenstände des persönlichen Bedarfs, soweit sie nicht von vornherein als dauerhaftes Gehäuse des Originalinhalts zu dienen hatten. Letzteres gilt vor allem für zahlreiche Devotionalien, wie etwa für das ›Berchtesgadener Eingericht‹ mit Kruzifix[15] oder die erwähnte blanke Schachtel mit Alraune aus dem Kloster Wienhausen.[16] Auch für manches Spielzeug war die Spanschachtel als ständige Schatulle vorgesehen.

Die größeren bemalten Schachteln sind zweifellos überwiegend leer gehandelt worden. Das gilt sicher für das älteste bemalte Stück aus dem 14. Jahrhundert, in dem ursprünglich wertvolle kirchliche Gegenstände aufbewahrt wurden, aber auch für die Mehrzahl der großen Exemplare aus dem 18. und dem 19. Jahrhundert. Sie waren auf dem Lande die typische Liebesgabe des jungen Mannes an sein Mädchen und setzen so – in weniger qualitätvoller Arbeit und überwiegend für Angehörige geringerer sozialer Schichten bestimmt – gewissermaßen die Tradition der mittelalterlichen Minnekästchen fort. Joachim Naumann hat als erster beobachtet,[17] daß bevorzugtes Motiv auf diesen Schachteln zunächst höfisch gekleidete Liebespaare sind, seit dem ausgehenden 18. Jahrhundert bürgerlich gekleidete, nicht aber Darstellungen aus der ländlichen Lebenssphäre, etwa aus der bäuerlichen Arbeitswelt. Interessanterweise kommen diese dagegen häufig auf gleichzeitigen Trinkgläsern und Glasfläschchen gemalt und eingeschnitten vor, die in bäuerlichen Kreisen ein beliebtes Statussymbol bildeten. Naumann leitet aus jener Beobachtung ab, daß die Schachteln ›eher kleinstädtischen Wünschen‹ entsprechen sollten. Wahrscheinlicher scheint mir, daß jene ›à la mode‹ gekleideten Figuren ebenso wie die häufiger vorkommenden Soldaten Vorbildfunktionen erfüllten. Sind doch derart gezierte Schachteln aus städtischen Haushalten kaum nachzuweisen, in weiten Teilen Deutschlands auf dem Lande aber nach der Sitte selbstverständlicher Bestandteil der Ausstattung gewesen. Sie wurden hier auf dem Brautwagen mitgeführt, anschließend aber entweder zur Freude des Auges an repräsentativer Stelle des Hauses zur Schau gestellt oder schonend zuoberst in der Truhe gehütet. Derartige bemalte Schachteln dienten der Aufbewahrung von Trachtenzubehör, von Tüchern, Bändern und insbesondere von Hauben, daher die Bezeichnung ›Hauben-‹ beziehungsweise ›Mützenschachtel‹ oder – aus dem Hessischen überliefert – ›Kappenschrein‹. Typisch ist der Inhalt, mit dem ein solches Stück aus Schlitz in Hessen 1905 in das Museum in Fritzlar eingeliefert worden ist:[18]

1. »Eine Spitzbetzel für Sonntag mit bunter Seidenstickerei, angefertigt in Unshausen, Krs. Fritzlar-Homberg, violette Bänder mit schwarz-weißen Blumen.
2. Eine Spitzbetzel für Trauer, ganz schwarz, ohne Stickerei, angefertigt in Unshausen.
3. Ein Taufhäubchen, weißer Tüll mit violetten Rosetten.
4. Ein Abendmahlshäubchen, weißes, gestepptes Leinen mit schwarzer Perlstickerei und schwarzen Bändern.
5. Ein Unterziehhäubchen, dichter, weißer Tüll mit plissiertem Rand.
6. Ein Überziehhäubchen, netzartiger, weißer Tüll mit Nähspitze am Rand, leicht plissiert.
7. Ein Überziehhäubchen, netzartiger, sehr feiner schwarzer Tüll mit zarter Nähspitze am Rand.
8. Haubenbänder, mehrfarbige, grüne Seide.

9. Haubenbänder, weiß mit dünnen, schwarzen Streifen.
10. Eine Herrenkrawatte mit Patentumbindevorrichtung, vom Großvater 1856/60 aus Amerika mitgebracht.«

Die Herkunft als Morgengabe sowie die Benutzung liefern die Begründung dafür, daß in juristischen Gutachten und Schriften aus dem 17. und dem 18. Jahrhundert festgelegt wird, daß »Schachteln, darinne . . . Stücken als Bänder, Spitzen etc. gelegen« sind, neben »Charmier-Pflästergen Schachtel, item [= ebenso wie] Puder-Schachtel« zur sogenannten Gerade zu rechnen sind, jenem Sondereigentum der Frau, das im Erbfall besonderen rechtlichen Bestimmungen unterlag.[19]
Freilich wurden wohl nicht alle großen, ovalen Stücke leer verkauft. Zwei fast übereinstimmend bemalte Exemplare mit der Datierung 1778 und dem Namenszug Johann George Holandt[20] sowie ein drittes mit dem Namen Wolfgang Nicol Holand[21] deuten darauf, daß es sich um Originalverpackungen einer bestimmten Firma handelt. Im südlichen Thüringen, aus dessen Produktion diese Schachteln stammen dürften, ist der Familienname Holland(t) bis heute sehr verbreitet. K. Dröges Vermutung,[22] daß sich hier der Schachtelmaler verewigt hat, kann nicht zugestimmt werden. Nach der allgemeinen Erfahrung ist es ganz unüblich, daß ein ›Kunstler‹ sich in derart beherrschender Form ins Bild setzt. Mehrere große, ovale Schachteln zeigen auf dem Deckel als Motiv einen ›Guckkastenmann‹ in unterschiedlicher Gestaltung, wie er auf Messen und Jahrmärkten auftrat, und werben mit ihren Aufschriften für Zuschauer: »Wer zwey Kreutzer raus will rucken / Darf in meinen Kasten gucken« oder »Um geringes Geld, zeig ich die ganze Weld«, heißt es da etwa. In diesen Fällen ist zu vermuten, daß in der betreffenden Schachtel Guckkastenbilder verwahrt waren. Diese konnte als Werbemittel vom Vorführer aufgestellt werden.
Erzgebirgisches Spielzeug und Zinnfiguren wurden offensichtlich in der Regel in blanken Schachteln in den Handel gebracht, die seit dem 19. Jahrhundert allenfalls mit Firmenetiketten versehen sind. Dagegen verwandte man dafür im alpenländischen Raum sowie in Thüringen auch bemalte Schachteln. Jene aus dem Süden sind in der Regel kleinformatig. Der Dekor steht in keiner direkten Beziehung zum Inhalt. Dagegen zeigen Spielzeugmusterbücher, die Mitte des 19. Jahrhunderts in Sonneberg in Thüringen entstanden sind,[23] runde und ovale, farbig dekorierte Stücke, die mit Spielwaren gefüllt sind und die die Größe von Haubenschachteln haben. Die Deckelzargen sind mit gleichartigen Blumenfriesen geschmückt wie die der Haubenschachteln. Die Deckel der Spielwarenschachteln aber geben offenbar den

Schachtelinhalt wieder. Bisher konnte freilich kein derartiges Originalexemplar nachgewiesen werden. Auffallend ist die Größe dieser Spielzeugschachteln. Gudrun Volk, Spielzeugmuseum Sonneberg, hat in der Diskussion die naheliegende Vermutung geäußert, daß es sich nicht um in dieser Form verkäufliches Spielzeug handelt, sondern um Musterschatullen, in denen die Verleger auf Verkaufsreisen ihre Waren präsentierten. Hier suchte man – wie auch sonst – den Wert des Inhalts durch die Verwendung dekorierter Schachteln aus dem Alltäglichen herauszuheben.

Das gilt übrigens auch für die Verwendung von Schachteln für Gegenstände, die im Brauchtum verankert sind. So etwa dienten in der südöstlichen Lüneburger Heide kleine, runde Schachteln mit einer Graphik auf dem Deckel und – freilich nur flüchtig auf lasiertem Grund – ornamentierten Zargen als Behältnisse für Brautkronen. Ein gleichartig dekoriertes, kleines, ovales Beispiel im Museum für Volkskunst in Erfurt, das aus Bernterode bei Worbis auf dem katholischen östlichen Eichsfeld dorthin übernommen wurde, enthält ein sogenanntes Hochzeitsbrot. Das ist ein kleines, in der Schachtel bei der Hochzeit der jungen Frau übergebenes Brot, das sorgsam gehütet wurde, weil es nach der Volksüberlieferung garantierte, daß immer Brot, das heißt Nahrung im Hause war.

Insbesondere für Gebäck und Konfekt, die in brauchtümlichen Zusammenhängen eine Rolle spielten, verwandte man bemalte Schachteln: Auf dem katholischen Eichsfeld etwa herrschte noch bis in den Zweiten Weltkrieg hinein die Sitte, daß Eltern ihren Kindern, junge Männer ihrer Liebsten zum ›Palmsonntag‹, also dem Sonntag vor dem Osterfest, sogenannte ›Palmarumschachteln‹ schenkten, die – gefüllt mit Süßigkeiten – nur zu diesem Anlaß in Bäckereien angeboten wurden. Die überlieferten Beispiele sind durchgehend rund, bei einem verhältnismäßig kleinen Durchmesser von etwa 10 Zentimetern. Deckel und Zargen sind auf farbigem Grund, der überwiegend in Rot oder in Blau gehalten ist, mit Blumenstücken versehen, auffallenderweise aber nicht mit religiösen Motiven. Auf dem Deckel befindet sich zumeist zusätzlich eine kurze Widmung, etwa ›Zur Erinnerung‹ oder ›Zum Andenken der Freundschaft‹ oder auch nur ›Zum Andenken‹. Verhältnismäßig große, runde, in der Regel aber relativ flache, bemalte Schachteln mit einem Durchmesser von etwa 25–30 Zentimetern wurden, wie Hans-Günter Löwe ermittelt hat, in der Gegend von Mühlhausen in Thüringen anstelle von Zuckertüten den Schulanfängern zur Einschulung geschenkt (Abb. 154). Der älteste Beleg dafür ist eine Notiz von 1874 in einem Stück, das sich jetzt im Museum für Volkskunst in Erfurt befindet. Der Brauch ist offensichtlich erst in der Zwischenkriegszeit allmählich abgekommen. Übrigens war es üblich, derartige Schachteln nur für diesen Zweck anzuschaffen und zu benutzen. Die Kinder zeigten diese bei Verwandten und Bekannten ihrer Familie vor und beschenkten kleinere Kinder aus ihrer Verwandtschaft mit kleineren, mit Süßigkeiten gefüllten, bemalten Spanschachteln.

Die Beispiele im Erfurter Museum, die, ebenso wie die Hans-Günter Löwe bekanntgewordenen, auf farbigem Grund mit Blumenstücken versehen sind (also keiner auf den Schulanfang bezogenen Motivik), wurden nach den nachträglich im Inneren kunstlos angebrachten Widmungen und Notizen sämtlich den Schulanfängern von einem Paten geschenkt.

Eines dieser Beispiele weist durch die Reste eines Firmenetiketts von »Gustav . . . Mühlhausen i. Th., Judenstraße 20, Zuckerwaren-, Chocoladen- u. Honigkuchenfabrikation« darauf hin, daß hier eine – vielleicht eigens für Schulanfänger angebotene – Originalverpackung vorliegt.

Die Schriftstellerin Ricarda Huch (1864–1947) berichtet aus ihren um 1875 in Braunschweig verlebten Kinderjahren über allerlei »volkstümliche Leckereien«, die die Kinder damals von der Braunschweiger »Messe« erhielten: . . . Jetzt würde man die kleinen buntbemalten Spanschachteln schätzen, die dazu da waren, den Kleinen, die aus irgendeinem Grunde zu Hause bleiben mußten, mitgebracht zu werden . . .« (Abb. 135–137, 139, 140).[24] Insbesondere bei Landleuten, die ihre großen Einkäufe auf diesem zweimal jährlich stattfindenden Markt tätigten, waren diese ›Bonbonnieren‹ ein beliebtes Mitbringsel für ihre Kinder. »Sie enthielten winzige Plätzchen und bunte Zucker- und Schokoladenkugeln«, fährt Ricarda Huch fort, aber wohl auch teureres Konfekt, wie alte Braunschweiger sich entsinnen können. G. Jacobs erwähnt,[25] daß im vorigen Jahrhundert die Schuhmacher hierzulande ihren Kunden als ›Messegeschenke‹ derartige Schachteln gaben, die unter einer »dünnen Schicht von billigen Süßigkeiten« eine »dicke Unterlage von zerbrochenen Honigkuchen« enthielten. Ob die Schachteln erst in Braunschweig gefüllt oder aber mit Inhalt importiert wurden, bleibt unklar. Sie wurden vor dem Ersten Weltkrieg nicht nur auf der Messe, sondern auch von ansässigen Konditoren angeboten. Neben den größeren derartigen ›Messeschachteln‹, wie sie umgangssprachlich genannt wurden, die Vogel- und Blütendarstellungen von erheblicher Qualität zeigen, haben sich andere wesentlich kleinere und wohl jüngere erhalten, die kunstlos mit geometrischen Ornamenten oder Buchstaben ausgeziert sind. Derartige Schachteln sind außer im

Braunschweigischen bisher nur aus dem benachbarten Hildesheim bekannt geworden.[26]

Im Schweizerischen Museum für Volkskunde in Basel haben sich einige bemalte kleinere Schachteln erhalten, die nach der zugehörigen Dokumentation in Südtirol bei der Taufe als Patengeschenke übergeben wurden (Abb. 61).

Nicht unerwähnt bleiben kann die Verwendung von Spanschachteln aus traurigem Anlaß: In manchen deutschen Landschaften, so in Schleswig-Holstein, an der Unterweser und in Süddeutschland dienten sie als Sarg für totgeborene oder kurz nach der Geburt verstorbene Kinder.[27] Kampenhausen berichtet dazu aus Schleswig-Holstein, daß hier mancherorts die Frau ihre Brautschachtel dafür opfern mußte, »wenn ihre erste Geburt eine Totgeburt war«.[28] A. Surminski hat dieses Motiv in seinem Roman ›Kudenow‹ aufgegriffen.[29]

Nord- und nordosteuropäische
Schachteltypen

Im skandinavischen Bereich einschließlich Islands im Westen[1] sowie der baltischen Staaten und Nordrußlands im Osten[2] und im Süden mit Ausläufern nach West- und Ostfriesland[3] sowie nach Hinterpommern[4] und bis weit nach Schleswig-Holstein[5] hinein sind Spanschachteln besonderer Prägung seit alters außerordentlich verbreitet und in besonders hohem Anteil mit Datierungen überliefert. Im Gegensatz zu Mitteleuropa überwiegen unter ihnen runde, daneben kommen aber auch alle übrigen sonst verbreiteten Formen und Größen vor. Im Norden sind zwei Grundtypen, die sich in mehrfacher Hinsicht von den in Mitteleuropa hergestellten Stücken unterscheiden, in zahlreichen Varianten nachweisbar. Augenfälligstes Charakteristikum ist beim überwiegenden Teil der verzierten nordischen Stücke, daß der Dekor nicht aufgemalt, sondern in verschiedenen Schnitztechniken oder aber in Brandmalerei ausgeführt worden ist,[6] die mitunter farbig gehöht ist. Als Material kommen hier wesentlich mehr Holzarten vor als in Mitteleuropa. So trifft man neben der von hier bekannten Rotfichte und der Tanne im Norden auf das Holz von Föhre, Kiefer, Erle, Saalweide, Esche, Espe, Linde, Buche, Ahorn, Faulbaum, Birke und – nur in sehr alten Beispielen – von Eiche. Vor allem in Nordosteuropa wurde auch Birkenrinde in Art der Späne verarbeitet.

Nicht selten sind im Norden für die Teile einer Schachtel verschiedene Holzarten verwandt worden, so beispielsweise für Boden- und Deckelplatten Erlen-, für die Zargen Espenholz oder für die Zargen Kiefern-, für die Platten aber Buchenholz. Granlund hat für die einzelnen schwedischen Produktionszentren charakteristische Holzkombinationen ermittelt, auf die hier im einzelnen nicht eingegangen werden kann. Erwähnt sei nur, daß in Finnland und Nordschweden vornehmlich Espe (für die Zargen) mit Fichte oder Föhre (für die Platten) kombiniert wurde.[7]

Die im Norden verwandten Späne sind wesentlich stärker (häufig 10–15 mm) als die in Mitteleuropa gebräuchlichen. Das dürfte die Ursache dafür sein, daß in der überwiegenden Zahl der Beispiele mindestens eins der überlappenden Zargenenden in mehreren – oft drei –

zungenartig gestalteten Teilen ausläuft. Granlund hat etwa 170 Varianten (!) dafür in Schemazeichnungen festgehalten.[8]

Die Heftung der Zargen erfolgt in einem Teil der Beispiele durch zurückgreifende Vorstiche, wie sie für den mitteldeutschen Schachteltypus charakteristisch sind, zum geringen Teil durch einfache Vorstiche, zum überwiegenden Teil aber durch sehr feine Kettenstiche (Abb. 160). Granlund hat letztere besonders an Schachteln von Island und aus Schweden nachweisen können, relativ selten aber an finnischen. Als Nähmaterial[9] trifft man vor allem Bast und Wurzelfasern an, daneben aber dünne, schmale Holzstreifen; an Baumarten sind festzustellen Birke, Linde, Hasel, Saalweide, Traubenkirsche und Faulbaum, also wiederum ein außerordentlicher Variantenreichtum des Materials im Unterschied zu Mitteleuropa. Gewonnen wurde dieses im Norden in der Regel im Herbst, weil dann das Wachstum der Verarbeitung besonders günstig war. Abgesehen von diesem Material nähte man Schachteln aber nicht selten auch mit dünnen Lederriemen.

Aus Schleswig-Holstein ist der eine nordische Grundtyp von Ernst Schlee unter der Bezeichnung ›Klobb‹ bekanntgemacht und näher untersucht worden.[10] Schachteln dieses Typs sind in der Regel oval und mit Kettenstichen genäht, aber von unterschiedlicher Größe. Der stets zargenlose Deckel überragt den Schachtelkorpus ein wenig und hat in der Mitte der Langseiten in der Regel einen kurzen Schlitz, der mitunter so ausläuft, daß zwei holmenartige Griffteile entstehen, die länger sind als der Deckelumfang. Die Schachtelzarge wird an den entsprechenden Stellen von einer Art Strebe überragt, die oben nasenartig gestaltet ist. Darunter kann der Deckel eingeklemmt werden. Granlund gibt übrigens 180 Varianten davon in Schemazeichnungen wieder.[11] Der Deckel selbst besitzt oft in der Mitte einen länglichen Griff, für den man gern das Holz der Saalweide oder des Hasels, ein federndes Rohr oder einen Lederriemen verwandte.

Die Spannung, die die Zargenwand zumindest an neuen Schachteln hat, verursacht beim Schließen des Deckels ein knackendes Geräusch. Daher soll die Bezeichnung ›Klobb/Klobbe‹ mit ihren Lautvarianten ›Klub(be)/Kluft‹ rühren.[12] Von der Insel Nordstrand ist für den Behälter der Name ›Stückenklubb‹ überliefert, aus Tönning auf der Halbinsel Eiderstedt ›Abendbrotskluft‹.[13] In Nordschleswig heißt diese Schachtel ›Knepesk‹, auf der dänischen Insel Alsen ›Knep-Kasten‹.[14] Das ebenso wie ›Klobb‹ lautmalende ›Knep‹ bezeichnet wie jenes ein klapperndes Geräusch. Im Schwedischen nennt man übrigens gelegentlich entsprechende Stücke ›tina‹ oder ›sveptina‹.[15]

Benutzt wurde der ›Klobb‹ vornehmlich als Transportbehälter und zur

Verwahrung von Verpflegung. So heißt er im Deutschen auch ›Brotnasch/-ask‹. Die Landarbeiter benutzten ihn so zur Feldarbeit, die Fischer gleichermaßen auf See.[16] Daneben wurde diese Schachtel auch gern als Nähkasten gebraucht und als Erinnerungs- oder Minnegabe verschenkt. Ein Lehrer aus Schleswig-Holstein hat beispielsweise 1941 berichtet, daß eine seiner Verwandten einen solchen »bemalten Klobb von ihrer Herrschaft« (wohl als Dienstmädchen) zum Geschenk erhalten und ihr Leben lang sorgfältig verwahrt hatte.[17]

Belegstücke haben sich außer im skandinavischen Kerngebiet und in Schleswig-Holstein, wo die Verbreitung im Laufe der Zeit nach Norden zurückgewichen ist, auch im westfriesischen, heute zu den Niederlanden gehörenden Hindelopen finden lassen sowie in Ostfriesland. Hier soll der ›Klobb‹ unter den Bezeichnungen ›Stappke/Steppke‹ oder ›Bütte‹ nach einer Angabe von 1941 damals in ›Schifferkreisen wohlbekannt‹ gewesen sein.[18]

Wie die Schachteln des mitteleuropäischen Typs wurde auch der Klobb in Sätzen, die, soweit bekannt, bis zu sieben Exemplaren unterschiedlicher Größe umfaßten, gehandelt.

Der zweite Schachteltyp nordeuropäischen Ursprungs weicht von dem zuvor beschriebenen darin ab, daß der Deckel stets mit einer Zarge versehen ist, aber keinen Handgriff besitzt.[19] Vereinzelt ist um den unteren Teil der Schachtelzarge ein Reif von gleicher Höhe gelegt, wie die Deckelzarge sie aufweist. Im Gegensatz zu den in Mitteleuropa hergestellten Stücken greift an einem Teil der Beispiele aus dem Norden die Zargennaht auf die Deckelplatte über. Folgt man Granlund, so wurde diese Herstellungstechnik nur in Teilen von Schweden (Värmland, Dalekarlien und Härjedalen) sowie in Norwegen angewandt. Es gibt indes auch finnische Beispiele dafür.

Die nordeuropäischen Varianten dieses Typs sind belegt in runder und ovaler und – nur selten – in herzförmiger Gestalt.

Auffallend häufig sind recht flache Exemplare. So etwa ist ein rundes Stück von 41,5 cm Durchmesser nur 8 cm, ein anderes von 36 cm Durchmesser nur 15,5 cm hoch.

Bereits das früheste Beispiel für diesen Typus, das in die ältere Bronzezeit datiert wird, zeigt die gleichen Charakteristika wie die späten Stücke aus historischer Zeit. Vom frühesten datierten dieser Gruppe ist nur der Deckel erhalten, der die Jahreszahl 1574 zeigt.[20] Gearbeitet wurde in dieser Art aber offenbar bis in den Beginn des 20. Jahrhunderts hinein.

Erwähnt sei noch, daß in Nordeuropa in nicht geringer Zahl Spanschachteln überliefert sind, die Metallbeschläge, überwiegend solche aus Eisen, besitzen. Ihre Anbringung war nur möglich, weil man hier wesentlich dickere Späne benutzte als in Deutschland.

Während vom ›Klobb‹ neben dekorierten, zahlreiche blanke Beispiele überliefert sind, haben sich von den nordischen Schachteltypen mit Deckelzarge ganz überwiegend dekorierte Stücke erhalten. Die Auszier beider Konstruktionstypen erfolgte grundsätzlich in weithin übereinstimmender Art, in der Regel außen auf der Deckelplatte und auf den Zargen. Klassisch sind dafür Kerb- und Flachschnitt sowie Brandmalerei. Daneben findet man gelegentlich kunstlose Ritzzeichnungen. An beschnitzten Stücken schnitt man mitunter auf dem oberen Span des überlappenden Zargenendes Muster aus, zunächst runde und kreuzförmige in Anlehnung an die für die Naht erforderlichen Löcher, im 18. und im 19. Jahrhundert dann aber in bestimmten Teilen Schwedens und in Norwegen größere, herzförmige Ornamente (Abb. 160), die rot unterlegt wurden.

Der geschnitzte Dekor zeigt überwiegend geometrische Ornamente unterschiedlichster Art, die die Traditionen der Wikingerkunst bis in das 19. Jahrhundert, ja teilweise bis in das 20. Jahrhundert fortsetzen. Die Zargen der mit Schnitz- oder Ritzdekor versehenen Stücke zeigen oft rechteckige und quadratische Felder, die im Wechsel freigelassen oder aber mit enger- oder weitmaschigeren Ornamenten gefüllt sind. Diese wiederum sind oft aus der Raute oder aus Kreissegmenten entwickelt. Insbesondere rautenschraffierte Dreiecke fallen ins Auge. Gelegentlich trifft man an den Zargen Rosetten und Zackenlinien an. Die Ornamentik der Deckelplatten ist häufig aus Rosetten und konzentrischen Kreisen entwickelt oder aber aus Bändern, die zu rhythmisch verlaufenden Schleifen angeordnet sind. Namen und Jahreszahlen, seltener Sprüche, trifft man sowohl auf Deckelplatten wie an Zargen an. Selten dagegen scheinen sowohl auf den Deckeln wie auf den Zargen derartiger Stücke Tier- und noch seltener Menschendarstellungen vorzukommen.

Auch in der Technik der Brandmalerei (Abb. 158), die zum Teil mit Hilfe von Stempeln ausgeführt wurde, sind überwiegend geometrische Ornamente angebracht. Diese wirken zumeist recht sparsam. Besonders charakteristisch für einzelne Produktionsgebiete und -epochen sind ein sechsstrahliger Stern und eine achtblättrige, stilisierte Rose. Bewegte akanthusartige Zweige und Blumenstücke sind nicht eben häufig zu beobachten. Naturalistische Darstellungen verbreiten sich offenbar erst seit dem ausgehenden 18. Jahrhundert in größerem Umfang.

Zum Teil sind derartig beschnitzte oder in Brandmalerei gezierte

Stücke zusätzlich bemalt. Mitunter handelt es sich da lediglich um einen einfarbigen Anstrich, für den man ein dunkles Grün oder ein dunkles Blau bevorzugte. Gelegentlich trifft man darauf – bei sparsamer Schnitzerei – zusätzlich eine polychrome Blumenmalerei an.

Malerei als einziger Dekor unserer Schachteln kommt im gesamten Norden vor, am häufigsten offenbar in Finnland (Abb. 159). Die frühesten datierten Belege stammen aus dem 17. Jahrhundert. Vorherrschend ist Blumenmalerei in unterschiedlichen Stilarten. Daneben werden geometrische Ornamente in gleicher Art, wie sie in den übrigen Schmucktechniken anzutreffen sind, dargestellt. Gelegentlich nur kommen ›Liebespaare‹ vor, die sich freilich in der Darstellungsart deutlich von entsprechenden Beispielen der mitteldeutschen Produktion unterscheiden.

Die räumliche Verbreitung der Spanschachtelproduktion war in Nord- und Nordosteuropa weit größer als in Mitteleuropa. Die meisten Gebiete Norwegens, große Teile Schwedens (am wenigsten noch in Südschweden), Finnland und Nordrußland werden dafür in Anspruch genommen. Von hier aus wurde auch über größere Entfernungen exportiert. So dürften die in West- und in Ostfriesland sowie in Schleswig-Holstein und in Dänemark so zahlreich überlieferten Stücke dieser Art aus der norwegischen Produktion stammen.[21] In Südschweden hat sich ein besonderer Handwerkszweig mit der Schachtelfertigung beschäftigt. In Nordschweden dagegen, wo man lange in der Großfamilie zusammenlebte, die sich von der Landwirtschaft nicht allein ernähren konnte, hat Heimarbeit im eigentlichen Sinne geherrscht. Granlund überliefert,[22] daß sich mit dieser einerseits junge, unverheiratete Männer beschäftigt haben, andererseits aber alte Familienmitglieder, die zu schwerer Landarbeit nicht mehr in der Lage waren. »Herre ieg är nu gammel och grå stor svaghet mig betage« (»Herr ich bin nun alt und grau, große Schwäche mich überwältigt«), klagt etwa eine unter vielen ähnlichen Schachtelinschriften in Verbindung mit der Jahreszahl 1707. Nach solchen zu urteilen, gab der junge Mann mit der Heirat die Spanschachtelherstellung auf, um sie im Alter wieder aufzunehmen.[23]

Die Verwendung der Schachteln war – wie in Mitteleuropa – äußerst vielfältig. Frauen und Mädchen verwahrten darin zu Hause Schmuck und kleine Kleidungsstücke, verwandten sie dafür aber auch zum Transport. So brachte man darin kleine Kleidungsstücke für den oft langen Weg zur Kirche unter, um sie erst unmittelbar vor dem Gottesdienst anzulegen. Zum Teil wurden derartige Schachteln bereits bei der Neueinkleidung der Mädchen zur Konfirmation angeschafft, zum Teil aber handelt es sich um Minnegaben junger Männer an ihre Bräute.

Eine größere Rolle als in Mitteleuropa spielte die Spanschachtel offenbar im nordischen Raum zur häuslichen Verwahrung von Nahrungsmitteln sowie für den Transport der Mahlzeiten bei der Feldarbeit. Erwähnt sei nur, daß man hier Schachteln auch zur Verwahrung wertvoller Dokumente und – mit Beschlägen und Verschluß – von Geld sowie von Kultobjekten verwandte, aber auch zur Bestattung totgeborener oder kurz nach der Geburt verstorbener Kinder.

Der sowjetische Volkskundler D. Zelenin berichtet in einer Publikation von 1927 sowie ergänzend in einem an J. Granlund gerichteten Schreiben von 1939,[24] daß Spanschachteln und -körbe in mannigfacher Form und Art im gesamten europäischen Nordrußland anzutreffen sind. Verwendet werden dafür nach Zelenin vorwiegend Birken- und Lindenrinde sowie Föhrenspäne, daneben aber Espen- und Fichtenholz. Eine bestimmte Abart, ›korobi‹ genannt, findet sich darüber hinaus in Sibirien. Ein 1981 in englischer und in deutscher Ausgabe erschienener Bildband von O. Kruglowa über russische Volkskunst enthält einige Hinweise und Abbildungen zu unserem Thema. Alle Beispiele darin stammen aus dem 19. und dem Anfang des 20. Jahrhunderts aus dem hohen Norden, aus dem Gebiet von Archangelsk,[25] abgesehen von einem Stück, das aus der Gegend vor Gorki[26] kommt. Es scheint, daß verhältnismäßig kräftige Späne verarbeitet worden sind, wie wir es aus Skandinavien kennen. Wie an den Schweizer und einem kleinen Teil der nordeuropäischen Beispiele ist die Schachtelzarge an den nordrussischen unten durch einen vorgesetzten Span verstärkt, der etwa die Höhe der Deckelzarge besitzt. In der Publikation werden runde und ovale Schachteln vorgestellt, die als ›Bread-‹ beziehungsweise ›Berries-baskets‹ bezeichnet sind. Alle sind durch sehr feine Malerei auf einfarbigem Grund geschmückt. Während die Zargenränder durch Friese aus geometrischen Ornamenen verziert sind, zeigen die übrigen Teile der Zargen sowie die Deckelplatten Tierdarstellungen (Vögel, Fische, Pferde) zwischen zierlichen Blumenranken. Die Verwandtschaft mit Beispielen aus dem skandinavischen Raum, die Granlund abbildet, ist augenfällig. Das einzige Stück aus der Gegend von Gorki, das O. Kruglowa in ihrer Publikation vorstellt,[26] ist oval und ohne Deckel. Es ähnelt mit seiner mit breiten Baststreifen gebundenen Zarge auffallend den aus Mitteleuropa bekannten Schachteln. Wiewohl als ›Bast-box‹ bezeichnet, ist nicht erkennbar, daß dieses russische Stück aus Rinde gearbeitet worden ist. Derartige Schachteln sollen zur Aufbewahrung des zum Spinnen vorbereiteten Flachses gedient haben.[27]

17 *Ovale, blanke Schachtel, mit Gebäck, auf dem Gemälde »Stilleben mit Früchten und Blumenstrauß«, Georg Flegel (1563–1638).*

18 Ovale Schachtel mit Schlitznaht, überliefert im Lüneburger Rathaus, süddeutsch. 13,5 x 27,2 x 14,5.
Dekor: Graugrundig, darauf Wismutmalerei in Blau, Rot und Grün; auf der Deckelzarge Tiere, Pflanzen und Figuren; auf der Schachtelzarge große, unge-deutete Wappenkartuschen in Rankenwerk. Malerei wohl Nürnberg, Anfang des 16. Jhs.

19 Ovale Schachtel mit Schlitznaht, süddeutsch. 6 x 18,6 x 10.
Dekor: Wismutmalerei auf hellem Grund, auf Deckelplatte und Zargen Ran-kenwerk in Rot, Blau und Grün, auf dem Deckel ein Vogel. Malerei wohl Nürnberg, Ende 16., Anfang 17. Jh.

20 a b   Runde Schachtel mit Schlitznaht, nach der Überlieferung Württem-
bergisch-Franken, vermutlich aber Nürnberger Arbeit. H 16,5, Ø 34,5.
Dekor: Innen und außen bemalt, dunkler, grünlicher Grund mit polychromem
Dekor; außen (Abb. oben): Deckelplatte mit großer, stilisierter Blüte; Deckelzarge mit geometrischen Ornamenten; Schachtelzarge mit Fruchtranken sowie
hornblasendem Engelskopf; innen (Abb. unten): Zargendekor mit Blumen-
kandelaber; Deckelplatte mit Adam und Eva am Baum der Erkenntnis; Bodenplatte mit Herz Jesu im Himmel und Aufschrift: »LET 2 [?]/1644«. Datiert
1644.

21   Runde Schachtel mit Schlitznaht, Inneres in Fächer eingeteilt, wohl für
Drogen oder Gewürze, benutzt in Nürnberg, süddeutsch. H 5, Ø 28,5.
Dekor: Auf der Deckelplatte Dame und musizierender Kavalier in Zeitkostüm
unter einem Baum; Zargen dunkel bemalt. Malerei wohl Nürnberg, 1. Hälfte
des 16. Jhs.

▷

23   Deckel einer ovalen Haubenschachtel mit Lochnaht, benutzt in Alvesse
bei Braunschweig. 8,5 x 39,5 x 24.
Dekor: Wohl ursprünglich roter, inzwischen verbräunter Grund; auf Platte
und Zarge Zweig mit sehr großen Tulpenblüten. Mitteldeutsch, 18. Jh. Weitgehend übereinstimmend mit Abb. 31.

△
22 Längliche, schmale, geklebte Schachteln, in der hellgrundigen – offenbar seit Anbeginn – Posamente verwahrt, beide wohl in Nürnberg benutzt. Berchtesgaden oder Nürnberg (?), unter dem Boden des hellgrundigen Stückes Jahreszahl 1678 mit Ortsangabe Nürnberg und Namen in schwarzer Tinte. 3,5 x 19,2 x 3,8.

Dekor: Schwarzgrundiges Stück mit einem Zweig mit Tulpenblüte und Granatapfel und Punkten auf dem Deckel; Zargen mit Linien. Hellgrundiges Stück mit sehr ähnlicher Bemalung der Deckelplatte, auf den Zargen ebenso Linien.

93

24 a b   Runde Schachtel mit Lochnaht. H 18, Ø 32,5.
Dekor: Außen allseitig, überwiegend in hellen Farben und in Grün bemalt;
Bodenplatte mit Pelikan auf dunkelrotem Grund (Abb. 24 b); auf der Deckel-
platte umgeben von Bäumen Erzengel Gabriel sowie Muttergottes, davor
Adam und Eva. Am Rand der Deckelplatte Reste einer Aufschrift mit Chri-
stusmonogramm und »JAR 1692«; auf der Deckelzarge Rehe und Hirsche; auf
der Schachtelzarge Figurengruppen, Paar in Zeittracht, Hirsch, schwerttra-
gender Mann, Himmelsleiter. Vermutlich Nürnberg, datiert 1692.

26 Ovale Schachtel mit Schlitznaht
und fünf Knöpfen auf dem Deckel, angeblich erworben in der Umgebung von
Berchtesgaden; Berchtesgadener Arbeit
(?), 18. Jh. 13 x 26 x 17.
Dekor: Auf Deckel und Zargen grau-
weiße, grün gezeichnete Tulpen mit reichem Blattwerk sowie Spiralornamente.

27 Rechteckige, geklebte Schachtel mit
fünf grünen Knöpfen auf dem Deckel,
Behältnis für ein Kinderservice aus Ala-
baster, nach der Überlieferung Erzeugnis aus dem Schwarzwald, um 1700. 13 x
16,5 x 9,7.
Dekor: Schwarzer Grund mit polychromer Bemalung; Deckelplatte mit Blüten-
stern aus Goldpapier in gemaltem Blü-
tenkranz; Deckelzarge mit großen, halb-
runden und kleinen spiraligen Ornamenten; Schachtelzarge mit großen Tulpenzweigen und rosettenartigen Blüten.

◁
25 Ovale, auffallend schmale, geklebte Schachtel, erworben in Bayern. 10,8
x 35,8 x 10,3.
Dekor: Dunkler Grund, auf der Deckelplatte Blütenzweig, sternförmige Blüte
flankiert von je einer Tulpe und einem Granatapfel sowie kleineren runden
Blüten; Zargen mit breiter Mittelzone mit gleichartigem Dekor, begrenzt
durch schmale Randstreifen mit Linien- und Girlandenornament. Nach Berchtesgaden lokalisiert, ausgehendes 17. Jh. (?).

28   Ovale Schachtel mit Schlitznaht, Wandung aus zwei übereinandergesetz-
ten Spänen. 29,5 x 31 x 17,5.
Dekor: Schwarzer Grund bis auf den über die Spanverbindung der Wandung
gesetzten Reif; dieser mit Rosettenblüten auf schwarzem Grund; übriger Dekor aus zartem Blatt- und Rankenwerk sowie Rosetten und Wirbelrosetten.
Berchtesgaden, wohl ausgehendes 18. Jh.

29   Runde Schachtel mit Schlitznaht, Wandung aus zwei übereinandergesetz-
ten Spänen, wohl für eine hohe Pelzmütze, benutzt im Raum Berchtesgaden. H
30,5, Ø 31.
Dekor: Auf ursprünglich rotem, leicht verbräuntem Grund Umrißzeichnung
von Rosettenblüten, Fiederblätter sowie Punktketten, Wandung auch mit Umrißzeichnung tulpenartiger Blüten. Berchtesgaden, 18. Jh.

30   Lange, schmale, sich verjüngende, geklebte Schachtel, Behältnis für ein
»Eingericht«, d. h. Kruzifix mit den »Arma Christi« und in kleinem Gehäuse
Muttergottes und Erzengel Michael, den Drachen tötend. 5,5 x 45 x 14–15,5.
Dekor: Rotgrundig mit heller Ornamentik; auf der Deckelplatte Monogramm
Christi zwischen Fiederblättern und Spiralen; Schachtelzarge mit Umrißzeich-
nung von Blättern, Deckelzarge nur mit schrägen Strichen in regelmäßigen Ab-
ständen. Häufig belegter Typus. Berchtesgaden, 18. Jh.

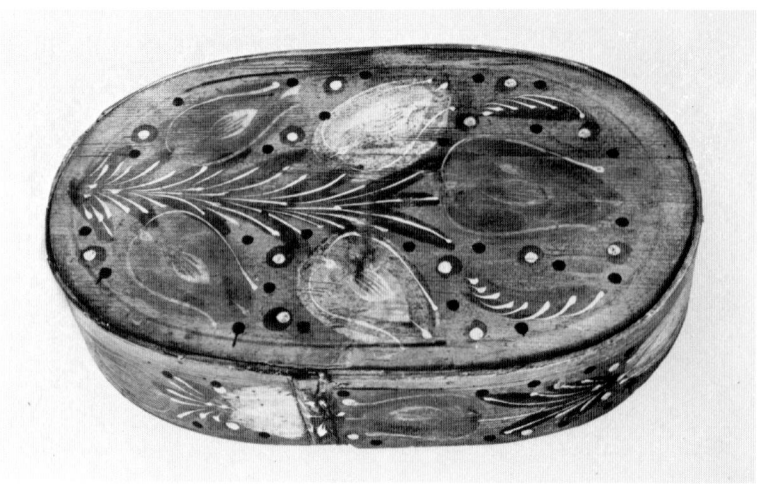

31 Deckel einer ovalen Haubenschachtel mit Lochnaht, benutzt in Alvesse bei Braunschweig, mitteldeutsch, 18. Jh. 9 x 40,5 x 25.

Dekor: Wohl ursprünglich roter, inzwischen verbräunter Grund, darauf auf Deckelplatte und Zarge verschiedenfarbige Tulpen mit grünen Blättern mit weißer Zeichnung sowie schwarze und rot-weiße Punkte. Weitgehend übereinstimmend mit Abb. 23, sehr ähnlich bemalte Stücke in Kassel, Hess. Landesmuseum (7 F 2 bzw. Slg. Steinfeld).

33   *Ovale Haubenschachtel, ursprünglich mit Lochnaht, jetzt genagelt, erworben in Braunschweig. 15 x 44,5 x 26.*
Dekor: Dunkler Grund, gerader Zweig mit weißlicher Tulpe und zwei kleinen roten-gelben tulpenartigen Blüten. Wohl Thüringen, 18. Jh. Ähnlich bemaltes Stück in Hannover, Historisches Museum am Hohen Ufer, Herkunft unbestimmt.

◁

32   *Ovale Haubenschachtel, ursprünglich mit Lochnaht, Deckelzarge verloren, benutzt in Wendeburg bei Braunschweig, mitteldeutsch, 18. Jh. 14 x 40 x 25.*
Dekor: Dunkelblauer Grund mit Zweig mit großen Tulpen in Rot mit Weiß und mit Gelb sowie weißen und rot-weißen Punkten.

34 Schachteln geklebt, erworben in Salzburg. 13,5–15 x 25,5–31,5 x 14,5–19.
Dekor: Auf Deckelplatte und Schachtelzargen Felder, diese ebenso wie die
Zwischenräume mit Tüpfelblüten und bewegten Blütenzweigen; Deckelzarge
mit je einem Fries aus Tüpfelrosetten. Berchtesgadener Maltyp, Anfang 19. Jh.

S. 101 oben
35 Rechteckige Schachtel mit Schlitznaht, benutzt im Raum Berchtesgaden.
12,5 x 24,2 x 17,5.
Dekor: Auf der Deckelplatte polychrome Darstellung der heiligen Anna, umgeben von Blütenranken, darunter »18 S ANNA 54 / A H«; Zargen mit
Punktrosetten. Berchtesgaden, Jahresangabe 1854. In Berchtesgaden, Heimatmuseum, zwei Stücke in gleichem Malstil, das eine mit Deckelplatte mit
heiliger Katharina auf grünem Grund, das andere mit Mutter Gottes auf
blauem Grund (Inv.-Nr. 306 bzw. 304).

36 Rechteckige Haubenschachtel mit Schlitznaht, benutzt in Thune bei
Braunschweig. 16 x 45,5 x 30.
Dekor: Vegetabile und geometrische Ornamente in Gelb, mit teils schwarzer
Umriß- sowie schwarzer und weißer Binnenzeichnung. Wohl süddeutsche Ar-
beit, 18. Jh. (?).

37

38

◁

37   Ovale, geklebte Schachtel, benutzt im Raum Berchtesgaden, Berchtesgadener Arbeit, Anfang 19. Jh. (?). 13,5 x 26,5 x 17,5.
Dekor: In Weiß und in Schwarz auf rotem Grund.

◁

38   Ovale, geklebte Schachtel, benutzt im Rupertiwinkel/Oberbayern. 9,5 x
21,5 x 12.
Dekor: Auf rotem Grund große Blüten in Umrissen und mit Binnenzeichnung
sowie Spiralen in Weiß. Berchtesgaden, Ende 18./Anfang 19. Jh.

39   Ovale Haubenschachtel mit Lochnaht, benutzt in Woltorf bei Peine. 14,5
x 39,5 x 22,5.
Dekor: Bräunlicher Grund mit roten Randkanten, Malerei in Hellrot und
Weiß; tulpenartige Blüten, Zweige und spiralige Ornamente. Provenienz unbestimmt, 18. Jh. (?), auffallend ähnlicher Dekor auf einem rechteckigen Stück
mit Schlitznaht im Museum für Deutsche Volkskunde, Berlin (202/68).

40   Dreieckige, geklebte Schachtel, erworben im Raum Berchtesgaden. 14,5 x
35,2 x 34.
Dekor: Auf hellrotem, teils zerstörtem Grund in Dunkelrot und Weiß; in der
Mitte siebenstrahliger Stern; Schachtelzarge mit ähnlichem Dekor wie Deckel,
Deckelzarge mit einer Reihe kräftiger Tüpfelrosetten und Punktgruppen.
Berchtesgaden, wohl Ende 18. Jh.

42 *a b Rechteckige, geklebte Schachtel,
Deckel durch zwei Scharniere am Korpus
befestigt (Abb. 42 b), vorn mit Schloß
(Abb. 42 a). 19 x 28,5 x 22.*
*Dekor: Ehemals roter, inzwischen ver-
bräunter Grund, darauf Malerei über-
wiegend in Weiß, daneben in Blaugrün,
Gelb und Hellrot; aus Spiralen und Krei-
sen entwickelte stilisierte Blütenzweige.
Berchtesgaden, 18. Jh.*

◁
*41 Rechteckige Haubenschachtel mit Schlitznaht, erworben in Tirol. 10 x 24 x
18,5.*
*Dekor: Roter Grund, darauf Malerei vornehmlich in Weiß, auf den Zargen
auch in Gelb und Grün; auf der Deckelplatte Christusmonogramm mit zwei
Tulpen, darunter Herz und 1782; Deckelzarge mit Fries aus weißen und gelben
Tüpfelrosetten; Schachtelzarge an jeder Seite mit einem großen Zweig und
Tüpfelblüten. Berchtesgaden, 1782.*

43 Runde Haubenschachtel mit Schlitznaht, benutzt im Rupertiwinkel/Oberbayern. H 26,4, Ø 35,5.
Dekor: Rotgrundig, Malerei überwiegend in Weiß, Gelb und Schwarz; auf der Deckelplatte Mühlrad in Rhombus, umgeben von vierstrahligem Stern; Zargenkanten mit weißem Schwämmeldekor. Berchtesgaden, wohl ausgehendes 18. Jh.

44 Rechteckige Schachtel mit Schlitznaht, benutzt im Rupertiwinkel/Oberbayern. 13,5 x 20,5 x 15,5.
Dekor: Rotgrundig, Malerei vor allem in Weiß; Deckelplatte mit schwarz gerandetem, rundem Medaillon mit Christuszeichen, umgeben von sechsstrahligem Stern. Berchtesgaden, 1. Hälfte 19. Jh. (?).
▽

▷

46 Ovale, geklebte Schachtel, benutzt im Rupertiwinkel/Oberbayern. 9,5 x 22 x 11.
Dekor: Überwiegend in Weiß und Gelb auf rotem Grund; auf der Deckelplatte drei schmale, schwarz gerandete, ehemals goldgrundige Felder mit Resten von Binnenzeichnung; Deckelzarge oben, Schachtelzarge unten mit schmaler, weiß geschwämmelter Kante. Berchtesgaden, auf der Unterseite der Bodenplatte handschriftliche Widmung mit »1880«.

106

△
45   *Ovale Schachtel mit Schlitznaht, benutzt im Rupertiwinkel/Oberbayern.*
19,5 x 30,5 x 18,5.
Dekor: Dunkelgrundig, Bemalung vornehmlich in Weiß; auf der Deckelplatte
Medaillon mit Christuszeichen und »1842«, umgeben von goldgrundigem
Rhombus. Berchtesgaden 1842.

47 Ovale, geklebte Schachtel, benutzt im Rupertiwinkel/Oberbayern. 12 x 25,5 x 14.
Dekor: Rotgrundig; auf der Deckelplatte rechteckiges, goldgrundiges Feld mit geringen Resten von Binnenzeichnung und Rahmung in Schwarz, um dieses Feld Tüpfelblüten und an jeder Schmalseite eine stark stilisierte, schmale Tulpenblüte; gleichartiger Dekor auf der Schachtelzarge, weiß geschwämmelte Kanten. Berchtesgaden, 19. Jh.

49   Ovale, sehr lange, geklebte Schachtel, Behältnis für achtspännige Spiel-
zeugkutsche, typisch Berchtesgadener Erzeugnis, das über Jahrhunderte hin
hergestellt und weithin vertrieben wurde. 8,3 x 38,5 x 7,8.
Dekor: Auf verbräuntem, ehemals rotem Grund Malerei in Weiß, Gelb, Rot
und Blau; Deckelplatte mit drei mehrfach gerahmten Feldern mit ornamentaler
Blumenzeichnung. Berchtesgaden, ausgehendes 19. Jh.

◁
48   Ovale, geklebte Schachtel, benutzt im Raum Berchtesgaden. 13,5 x 26,5 x
17,5.
Dekor: Weiß, Gelbrot und Schwarz auf rotem Grund; auf der Deckelplatte in
der Mitte großes, dunkelrot und schwarz gerandetes rhombisches Feld mit
Zweig mit Rosettenblüte und Fiederblättern; Deckelzarge am oberen Rand,
Schachtelzarge am unteren Rand mit weißem Schwämmeldekor, Deckelzarge
mit blau- und gelbweißen Tüpfelblüten. Berchtesgaden, 19. Jh.

50   Ovale, geklebte Schachtel, erworben im Braunschweiger Raum. 10 x 22,5
x 15.
Dekor: Deckelplatte mit weißen gefiederten Blättern und tulpenartigen Blüten
mit gelben Punkten; Zargen auf rotem Grund mit je einer Reihe im Wechsel
blauer und gelber Punktblüten. Berchtesgaden, Ende 19./Anfang 20. Jh.

51   Rechteckige Schachtel mit Schlitznaht, Behältnis für Akten auf einem
Bauernhof in Salzgitter-Lesse. 21,5 x 46 x 30,5.
Dekor: Hellbrauner Grund, darauf Ornamente in Rot, Grün und Weiß mit
schwarzer Umrißzeichnung sowie auf dem Deckel »1727«; bereits früher re-
stauratorisch überarbeitet. Wohl süddeutsche Arbeit, vermutlich jünger als
Jahreszahl »1727«. Vergleichsstück aus dem Braunschweigischen im Museum
für Deutsche Volkskunde, Berlin (MDV 472/65).

52 Rechteckige Schachtel mit Schlitznaht, erworben südlich von Celle. 21 x 45,5 x 31.
Dekor: Auf ockerfarbigem Grund überwiegend aus der Spirale entwickelte Ornamente in Grün und Hellrot, mit schwarzer Umrißzeichnung. Wohl süddeutsche Arbeit, 18. Jh. (?). Ähnlich bemaltes Stück im Historischen Museum am Hohen Ufer, Hannover (VM 27 200).

53 Ovale Schachtel mit Schlitznaht, in Bortfeld erworben. 12,5 x 29,5 x 16,5.
Dekor: Ursprünglich roter, inzwischen verbräunter Grund mit spiraligem Dekor, der auf der Deckelplatte zu einem Tulpenzweig gestaltet ist, ergänzend weiße und blaue Farbtupfer. Provenienz unbestimmt, 18. Jh. (?). Stück mit ähnlichem Dekor im Römer-Museum, Hildesheim.

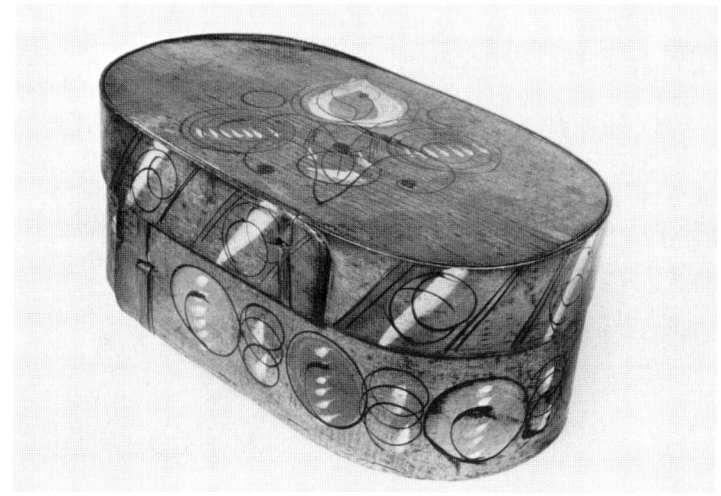

54   Rechteckige Schachtel, ursprünglich mit Schlitznaht, erworben in Xan-
ten/Niederrhein. 21 x 45,5 x 29,5.
*Dekor: Ehemals roter, in Braun umgesetzter Grund, Malerei in Gelbtönen und
in Grün. Wohl alpenländisch, 19. Jh.*

55 a b   Ovale, geklebte Schachteln, erworben im Grödnertal. 3,5/4,5 x 5,5/8
x 5/6.
*Dekor: Rotgrundig, Malerei vornehmlich in Weiß, daneben in Gelb, Grün und
Blau; Deckelplatte mit goldgrundigem Mittelfeld (stark gedunkelt) mit zartem
Fiederzweig. Wohl Grödnertal (oder Berchtesgaden?), Ende 18./Anfang
19. Jh.*

56   Rechteckige, geklebte Schachtel, erworben in St. Ulrich/Grödnertal. 9,3 x 17 x 13.
Dekor: Auf der Deckelplatte in der Mitte große, stark stilisierte Kreuzblume auf rotem Grund, darüber und darunter Ovale, daneben Rhomben, im übrigen – wie auch auf den Zargen – kleine Punkt- und große Tüpfelrosetten. Wohl Grödnertal (oder Berchtesgaden?), Anfang 19. Jh.

57   Ovale, geklebte Schachtel, erworben in St. Ulrich/Grödnertal. 10 x 24 x 13,5.
Dekor: Auf der Deckelplatte goldgrundige kleinere Felder mit bewegten Blütenzweigen in Gelb, Blau und Weiß auf rot gebeiztem Grund, umgeben von ähnlichen, größeren Blütenzweigen, Zargen gleichartig, zusätzlich darauf senkrechte Friese aus Tüpfelblüten. Grödnertal (?) oder Berchtesgaden, 19. Jh.

58

59

58 Geklebte Schachteln und eine Kassette. Ca. 21/17/11,6 x 41/35/29 x 31/23/12.
Dekor: Auf der Deckelplatte kleines Blumenstück, umgeben von einem Kranz aus großen Blütenzweigen; Deckelzargen mit Fries aus schmalen Blättern und Punktblüten, Schachtelzargen mit breiten Blütenfriesen ähnlich dem Kranz auf dem Deckel. Viechtau, ausgehendes 19./Anfang 20. Jh.

◁
59 Ovale, geklebte Schachtel. 22 x 37 x 18.
Dekor: Verbräunter, ehemals roter Grund, Malerei in Weiß, Rot und Grün, teils schwarz gehöht; auf der Deckelplatte Topf mit Blumenstück und Jahreszahl 1843, auf der Deckelzarge Fries aus schmalen Blättern, auf der Schachtelzarge Fries aus bewegten Blütenzweigen. Viechtau, 1843.

60 Fast rechteckige, geklebte Schachtel, erworben in Salzburg. 12,5 x 26,5 x 20.
Dekor: Auf der Deckelplatte in geschwämmeltem Rahmen aus Girlandenbögen, Topf mit bewegtem Blumenstück; auf den Zargen gleichartige Friese aus Blütenzweigen. Viechtau, Ende 19. Jh.

61 Vier aus einem Satz von elf ovalen, geklebten »Godenschachteln« (Paten-
geschenke bei der Taufe), erworben in Tirol. 4,8–16 x 11,2–32 x 5–18,5.
Dekor: Auf rot gebeiztem Grund üppiger, sehr graphisch wirkender Dekor, auf
der Deckelplatte goldgrundige Felder mit bewegten Blütenzweigen in Weiß,
Blau und Gelb, um die sich bewegte Tulpenzweige legen. Grödnertal (?) oder
Berchtesgaden, 19. Jh.

▷

63 Ovale Schachtel mit Schlitznaht, Behältnis für sakrale Gegenstände,
Österreich. 16 x 30 x 15,5.
Dekor: Auf rotem Grund in Blau, Gelb und Schwarz; auf der Deckelplatte
Christusmonogramm, bekrönt von Tauben, flankiert von Monstranzen, um-
geben von kleinen Blütenzweigen; Deckelzarge mit umlaufendem Blattfries,
Schachtelzarge an den Längsseiten mit bekröntem Doppeladler, sonst mit Blü-
tenzweigen und Vogel. Viechtau, von älterer Hand Datierung »Jar 1880«.

62 Ovale, geklebte Schachtel. 17 x 28,5 x 21.
Dekor: Rotgrundig, Malerei vornehmlich in Weiß, Gelb und Blau; auf
der Deckelplatte Kreuzigungsszene mit Maria und Magdalena, umgeben von stilisierten Blütenzweigen, die auf den Zargen wiederkehren;
am linken Rand der Deckelplatte in weißer Kursive »Wer gedengt auf
Jesu Leiden / wird gewies die Sünde meiden«. Viechtau, 18. Jh.

64

Beschreibung s. S. 120

65

64   Ovale, geklebte Schachtel, Wallfahrtsandenken von Mariazell/Öster-
reich. 21 x 35,5 x 23.
Dekor: Auf der Deckelplatte Gnadenbild flankiert von Blumenstücken, die in
Variationen auf den Zargen als Fries wiederkehren, darüber in Kursive: »Andenken von / Maria Zell!«, darunter: »Heilige Maria Mutter / Gottes bitte für
mich!«. Viechtau, 19. Jh.

65   Rechteckige Schachtel mit auffallend breiter Schlitznaht, erworben in
Salzburg. 18 x 45,5 x 23,5.
Dekor: Auf der Deckelplatte Medaillons mit der Heiligen Familie, umgeben
von bewegten Blütenzweigen; auf der Deckelzarge Fries aus schmalen Blättern; auf der Schachtelzarge aus Zweigen mit stilisierten Granatäpfeln. Viechtau, 19. Jh.

66   Ovale, geklebte Schachteln, erworben in Salzburg. 10,5–14 x 21,5–28 x
11–16,5.
Dekor: Roter, teils in ein helles Braun umgesetzter Grund; auf Deckelplatten
und Schachtelzargen bewegte Zweige mit Rosettenblüten bzw. Granatäpfeln,
Deckelzargen mit Fries aus schmalen Blättern; auf dem größten Stück zusätzlich oben auf der Deckelplatte kleine Inschrift in weißer deutscher Schreib-
schrift »Dich lieben und / Dich ehren, Ist Stündlich mein Begehren«. Viechtau,
ausgehendes 19. Jh. (?).

67   Ovale, geklebte Schachtel, erworben in Salzburg. 18 x 28,5 x 16,5.
Dekor: Ehemals roter, nach Braun umgesetzter Grund; auf der Deckelplatte
Medaillon mit von zwei Engeln gehaltenem Herz, aus dem ein Blumenzweig
erwächst, darüber Christusmonogramm; auf der Deckelzarge Fries aus
schmalblättrigen Zweigen; auf der Schachtelzarge Zweige mit Granatäpfeln.
Viechtau, 19. Jh.

69   Rechteckige, geklammerte Schachtel, Reif um die Schachtelzarge gelegt.
11 x 26,5 x 16,5.
Dekor: Teils weiß-, teils rotgrundig; Deckelplatte mit weißem Mittelfeld mit
großen roten und gelben Blüten; äußere Teile der Deckelplatte und Zargen mit
Blütenzweigen in Blau, Weiß und Grün. Alpenländisch, vermutlich Schweiz,
19. Jh.

68   Ovale, geklammerte Schachtel, erworben im Schweizer Kanton Zug. 7,8 x
17 x 10,5.
Dekor: Deckelplatte rotgrundig mit linsenförmigem, gelbem Feld mit symmetrisch angeordneten Blütenzweigen in Rot, Weiß, Schwarz und Grün; Zargen
graugrundig, darauf Blüten in Rot, Blau und Gelb mit weißer Binnenzeichnung. Zumindest Bemalung Innerschweiz, um 1850. Im gleichen Museum ein
weiteres, sehr ähnlich dekoriertes Stück, lokalisiert im Kanton Bern (VI, 1640).

70   *Ovale Haubenschachtel mit Lochnaht, benutzt in der Umgebung von Braunschweig bzw. Hermannsburg/Lüneburger Heide. 16,5 x 42 x 25. Dekor: Vgl. Abb. 76.*

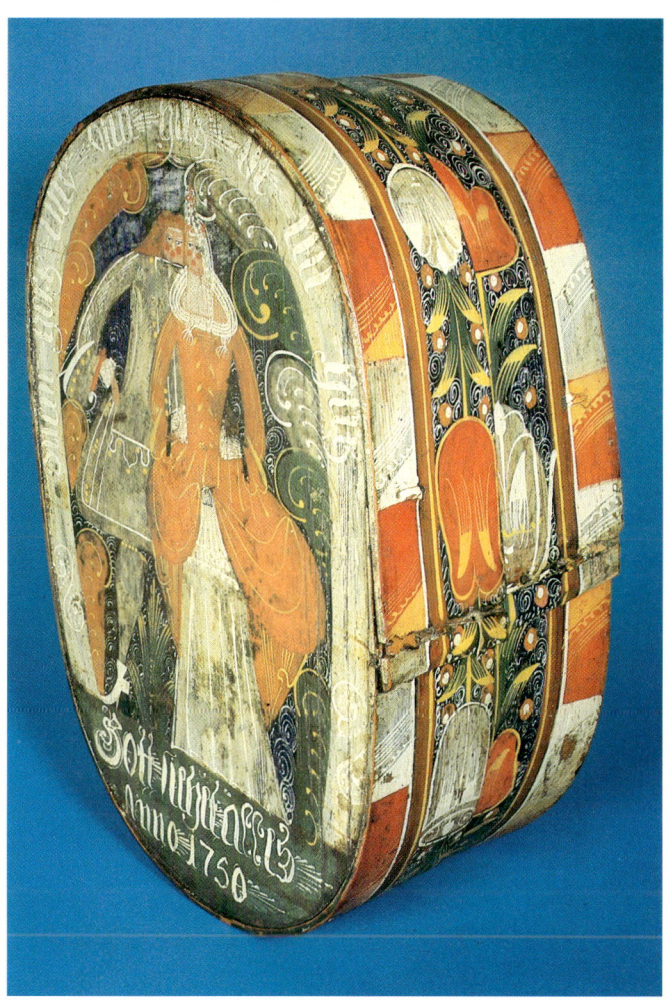

71   Ovale Haubenschachtel mit Lochnaht, benutzt im Raum Braunschweig.
19 x 47,5 x 30.
Dekor: Deckelplatte mit großem Feld, darauf Paar in barocken, polychrom gehaltenen Kostümen, darunter Aufschrift »Gott siehet alles / Anno 1750«, um
das Feld helle Kante mit »Mein hertz und dein hertz ist ein hertz«; Zargen mit
breitem Mittelstreifen: große Tulpen und Granatapfel sowie kleine kuglige
Blüten, marmorierte Kanten. Mitteldeutsch, 1750. Stück mit fast übereinstimmendem Dekor und Jahreszahl »1737« im Altonaer Museum, Hamburg.

72 *Ovale Schachtel mit Schlitznaht, erworben im Isergebirge. 12,8 x 25 x 14,5.*
Dekor: Auf dunkelrotem Grund auf der Deckelplatte flüchtiger Blütenzweig in Weiß und Blau. Isergebirge (?), Ende 19. Jh. Beispiel mit gleichartiger Malerei, aber unbestimmter Herkunft im Heimathaus Ried/Österreich.

73 *Schachtelzargen mit Lochnaht, von einer Haubenschachtel, benutzt in Bortfeld bei Braunschweig. 18 x 47,5 x 30,5.*
Dekor: An Schachteln des 18. Jhs. häufige Zargendekoration mit breiter Mittelzone, auf dieser zwei Reihen stilisierter Zweige mit rot-gelben Tulpen, grauweißen, tulpenartigen Blüten sowie kleinen kugligen, roten Blüten; oben und unten je ein Streifen, der in Art einer Marmorierung polychrom abgestuft ist. Mitteldeutsch, 18. Jh.

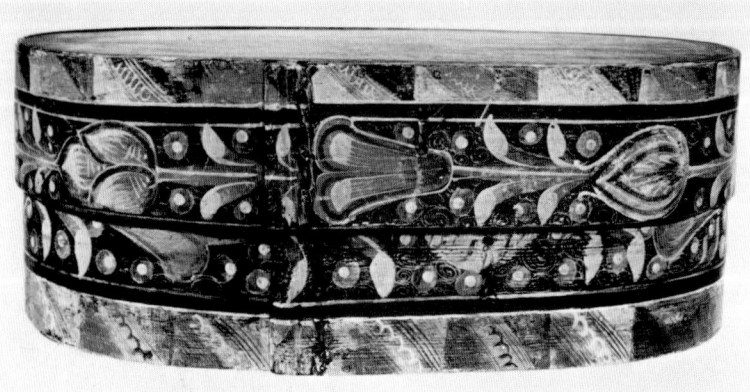

*74 a b   Ovale Haubenschachteln mit Lochnaht, aus dem Antiquitätenhandel
erworben. 12/12,5 x 48,5/41 x 28/22,5.
Dekor: Gleichartige polychrome Verzierung auf schwarzem Grund; auf der
Deckelplatte Mann oder Frau in Zeitkostüm sowie »ANNO DOMINI 1674.«;
Zargen ähnlich Abb. 70. Wohl mitteldeutsch, 1674.*

75 *Runde Schachtel mit Lochnaht, in Bayern erworben. H 14, Ø 50.*
Dekor: Auf schwarzem Grund polychrome Malerei, überwiegend in Weiß und
Rot; auf der Deckelplatte männliche Figur in Tracht des evangelischen Geistli-
chen und weibliche Figur in spätbarockem Kostüm; Zargen mit breiter Mittel-
zone, darauf Fries mit stilisierten Tulpen- und Granatapfelzweigen zwischen
marmorierten Randstreifen. Bisher als Berchtesgadener Erzeugnis angesehen,
aber wohl mitteldeutsch, da die Zargenverbindung und die Motivgestaltung
dem von hier bekannten Typus entsprechen, Ende 17., Anfang 18. Jh. Ein nach
Aufbau und Gestaltung weitgehend übereinstimmend dekoriertes Stück, des-
sen männliche Figur aber ein profanes Zeitkostüm trägt, datiert 1773, 1981 im
Antiquitätenhandel.

▷

76 *Ovale Haubenschachtel mit Lochnaht, benutzt in der Umgebung von*
Braunschweig bzw. Hermannsburg/Lüneburger Heide. 16,5 x 43,5 x 25.
Dekor: Deckelplatte mit großer, unproportionierter Engelsfigur auf dunklem
Hintergrund, Bekleidung stilisiert, in Art der Barockmode mit gerafftem
Obergewand und gefälteltem Unterkleid; Zargen mit breiter, schwarzer Mit-
telzone, darauf umlaufende Friese mit großen Tulpen und Granatäpfeln. Mit-
teldeutsch, wohl 1. Hälfte 18. Jh. Zahlreiche Vergleichsstücke überliefert (vgl.
u. a. H. Dröge, 1979).

76

77 Ovale Haubenschachtel mit Lochnaht, benutzt im Braunschweiger Raum. 18,5 x 44,5 x 26.
Dekor: Schwarzgrundig; Deckelplatte mit unproportionierter weiblicher Figur mit erhobenen Armen, auf den Oberarmen Tulpenzweige, die Figur in blau-weißem Ober- und rot-weißem Unterkleid; Zargen mit breiter, schwarzer Mittelzone, darauf zwei Friese mit polychromen Tulpenzweigen. Mitteldeutsch (?), 2. Hälfte 18. Jh. Häufig überliefertes Motiv, Beispiele im Thüringer Museum, Eisenach und im Museum für Volkskunst, Erfurt.

Abb. S. 128
78 Ovale Haubenschachtel mit Lochnaht, benutzt in Wendeburg bei Braunschweig. 18 x 46 x 26.
Dekor: Weinroter Grund; auf der Deckelplatte umgeben von reichen, drapeartigen Ornamenten große, weibliche Figur in üppiger, spätbarocker Kleidung in Rot und Blau mit heller Zeichnung; Zargen mit breiter Mittelzone, darauf Fries aus zwei Reihen großer Tulpen und Granatäpfel in Rot und Gelb und kleiner kugliger rot-weißer Blüten. Mitteldeutsch, 18. Jh.

127

78
Beschreibung s. S. 127

79 *Ovale Haubenschachtel mit Lochnaht, benutzt im Braunschweiger Raum. 16,5 x 46 x 27,5. Dekor: Schwarzgrundig, Deckelplatte mit großer weiblicher Figur in spätbarocker Kleidung mit grau-weißem Ober- und rot-gelb gestreiftem Unterkleid; Zargen mit breiter Mittelzone, Fries aus zwei Reihen polychromer Tulpenzweige. Mitteldeutsch, 18. Jh.*

80 *Ovaler Haubenschachteldeckel mit Lochnaht, benutzt in Bortfeld bei Braunschweig. 10 x 44,5 x 29. Dekor: Schwarzgrundig, Deckelplatte mit weinrotem Randstreifen mit weißem und gelbem Ornament, darin große weibliche Figur mit weißlichem Obergewand und rotem, gelb gestreiftem Rock; auf der Zarge Fries aus sehr großen rot-gelben und grau-weißen Tulpen sowie kleinen, kugligen, rot-weißen Blüten. Mitteldeutsch, 18. Jh.*

81 Ovale Haubenschachtel mit Lochnaht, benutzt in Bortfeld bei Braunschweig. 19 x 47 x 31.
Dekor: Schwarzgrundig; auf der Deckelplatte
Paar in farbenprächtigem Zeitkostüm, Segment
unter dem Paar streifig gegliedert und mit Aufschrift »Gleich wie unsere Treu / So auch eure
sey«; Zargen mit breiter Mittelzone, darauf
Fries aus zwei Zweigreihen mit tulpen- und rosenartigen, großen Blüten sowie kleinen, kugligen, rot-weißen Blüten, marmorierte, breitere
Kanten. Mitteldeutsch, ausgehendes 18. Jh.

82 Ovale Haubenschachtel mit Lochnaht,
benutzt bei Braunschweig. 21,5 x 47,5 x
29,5.
Dekor: Dunkelgrundig, auf der Deckelplatte Paar in farbenprächtigem Zeitkostüm,
darunter Schriftbänder mit »Gude Nacht o
Wesen: daß die welte / [erles]en: mir gefallst
du nicht« (Str. 5,1 des Chorals »Jesu meine
Freude«); breite Mittelzone auf den Zargen
mit großen, rot-gelben, weiß-roten und
blau-weißen Tulpen sowie kugligen, kleinen, rot-weißen Blüten, marmorierte Randstreifen. Verbreiteter Typus. Mitteldeutsch,
2. Hälfte 18. Jh.

83

84

◁

85 Sogenannte Berchtesgadener Hochzeitsschachtel, rechteckig, mit Schlitznaht. 22 x 40,5 x 33,5.
Dekor: Dunkelgrundig; auf der Deckelplatte in grünlichem Rahmen Paar in Zeitkostüm; darunter in Streifen gegliedertes Segment mit Aufschrift »Die Liebes Hand / macht festes Band«. In Varianten – auch ohne Aufschrift – häufiger belegt. Berchtesgaden, Ende 18. Jh./Anfang 19. Jh.

83 Ovale Haubenschachtel mit Lochnaht, erworben in der Winser Elb-
marsch. 18 x 29,5 x 47,5.
Dekor: Schwarzer Grund; auf der Dek-
kelplatte Paar in Zeitkostüm unter über-
proportional großem Blumenstück,
Schriftbalken mit »Im Jahr Christi /
1794« in gelber Fraktur; um das Feld mit
dem Paar Umschrift »Ach Wie Wird
mein Schätzgen Lachen Wenn Wir Beide
Hochzeit mach(en)«; Zargen mit breitem
Fries aus Zweigen mit großen, stilisierten, polychromen Tulpenblüten sowie
kleinen, kugligen rot-gelben Blüten,
schmale Randstreifen in Marmorart.
Mitteldeutsch, datiert 1794. Sehr ähnlich
gestaltetes Stück, datiert 1795 und mit
Namensaufschrift im Germ. Nationalmuseum, Nürnberg (Kling 7770).

◁

86

86 Ovale Haubenschachtel mit Schlitznaht, benutzt im Umkreis von Celle.
18 x 38,5 x 24.
Dekor: Dunkelgrundig, darauf vornehmlich in Rot, Braun und Beige gemalt,
zeichnerische Elemente in Weiß und Gelb; auf der Deckelplatte männliche Figur zwischen zwei weiblichen in Zeitkostümen, darunter Schriftbalken: »Johann Geörge holandt / 1778« in gelber Fraktur; Zargen mit breitem Fries aus
Zweigen mit großen stilisierten, polychromen Tulpen und kleinen, hellen
Punktblüten zwischen marmorierten Randstreifen. Mitteldeutsch (?), datiert
1778, vielleicht jüngere Kopie. Schachtel mit fast übereinstimmendem Dekor
(einschließlich Aufschrift), erworben ebenfalls in der Gegend von Celle im Museum für Deutsche Volkskunde, Berlin (7 E 47), vgl. L. Pretzell, 1967, Abb.
913.

▷

84 Ovale Haubenschachtel mit Lochnaht, benutzt im Braunschweiger
Raum. 20 x 47 x 29.
Dekor: Schwarzgrundig; auf der Deckelplatte Paar in spätbarockem Kostüm
auf Segment mit zwei Schriftbalken: »Wer uns ansieht den fält was ein / es [?]
möcht auch so geliebet sein«; Zargen mit breitem Fries aus zwei Reihen von
Zweigen mit großen, polychromen Tulpenblüten und kleinen, kugligen, rot-
weißen Blüten, schmale marmorierte Kanten. Mitteldeutsch, ausgehendes
18. Jh.

87 Ovale Haubenschachtel mit Lochnaht, erworben in Neuengamme bei Hamburg. 19 x 52 x 31.
Dekor: Dunkelgrundig, auf der Deckelplatte verhältnismäßig kleines Paar in spätbarockem, farbenprächtigem Kostüm, auf streifig gegliedertem Segment Schriftbalken: »Ach wie wird doch das Hertze lachen; wen'/. . . geht zum Hoch Zeit machen, 1831« in weißer Fraktur; um das Feld schmale Kante mit Marmorierung und stilisierten Strahlenblüten; Zargen mit Fries aus stilisierten Zweigen mit Tulpen und lilienartigen Blüten. Mitteldeutsch, datiert 1831.

88 Ovale Haubenschachtel mit Lochnaht, erworben im Lüneburger Raum. 20,5 x 47,0 x 27,5.
Dekor: Dunkelgrundig; auf der Deckelplatte auffallend kleines Paar in Kostümen des 18. Jhs. auf Herz mit Aufschrift »Mein hertz / allein oder / Laß gar /sein« in weißer Fraktur; Zargen mit breiter Mittelzone, darauf zwei Reihen Zweige mit großen, polychromen, stilisierten Tulpen und kleinen weiß-roten kugligen Blüten, Kanten mit Marmorierung; unter dem Boden Brandstempel (vgl. Abb. 9b). Mitteldeutsch, 19. Jh.

89 *Ovale Schachtel mit Lochnaht.* 20 x 47,5 x 29.
Dekor: Auf hellem Grund Malerei in Orange, Ocker und Hellgrau; auf der Deckelplatte stark stilisiertes, unproportioniertes Paar in Zeitkostüm auf streifigem Segment, auf einem der Streifen: »1.7.9.7«; Zargen mit Fries aus schütteren Zweigen mit großen tulpen- und rosenartigen sowie kleinen kugligen Blüten zwischen teils gestreiften Randleisten. Mitteldeutsch, datiert 1797.

90 *Ovale Haubenschachtel mit Lochnaht, erworben aus dem Alten Land bei Hamburg.* 20,5 x 28 x 44.
Dekor: Hellbrauner Grund, auf der Deckelplatte Feld mit Paar in Kostümen des 19. Jhs., darum schmale, dunkelgrüne Kante mit: »Wenn doch mein schätzgen wüste . . . wie gern ich heude küßt«; Zargen mit zwei umlaufenden Friesen aus polychromen, schütteren Zweigen mit rosetten- und rosenartigen stilisierten Blüten. Mitteldeutsch, 19. Jh.

91   Ovale Haubenschachtel mit Lochnaht, benutzt in Watenstedt bei Schöppenstedt/Elm. 20 x 46,5 x 29.
Dekor: Auf der Deckelplatte vor weißlichem Hintergrund unter hohem Himmel männliche Figur in Kostüm des ausgehenden 18. Jhs. zwischen roten Nelken, um das Feld gelbliche Randleiste mit weißer Schrift: »Auf Gesundheit meiner schönen, will ich jetzt dis Glaß aus lehren.« Zargen mit breiter blaugrundiger Zone, darauf vier polychrome Blumenstücke. Thüringen, Anfang 19. Jh.

92   Ovale Haubenschachtel mit Lochnaht, benutzt in Hondelage bei Braunschweig. 18,5 x 48,5 x 29.
Dekor: Auf der Deckelplatte vor hellem Hintergrund und unter bläulichem Himmel Paar in Zeitkostüm eingerahmt von Kante mit Ornamenten und Umschrift »Die Hertzen stehen feste, Hoffen in gedult das Beste«; Zargen mit breiter blaugrundiger Zone mit vier polychromen, kräftigen Blumenstücken zwischen roten und gelben Kanten. Thüringen, ausgehendes 18. Jh.

93 Ovale Schachtel mit Lochnaht, vermutlich für eine Perücke, überliefert im Thüringerwald. 18 x 62,5 x 23,5.
Dekor: Dunkelblauer Grund; auf der Deckelplatte links vieltürmige Teilansicht einer Stadt, weibliche Figur sowie männliche Figur mit Flöte und Hund zwischen großer Nelke und Blumenstück, am Rand in heller Fraktur »Brauset ihr Wetter, brasselt ihr Flamen einige Hertzen halten zusammen keines zerbricht noch weiget zurück, biß das Sie beherrschen ihr eigenes Glück«; Zargen mit umlaufendem Fries aus bewegten Zweigen mit großen, mehrfarbigen Rosen- und Tulpenblüten. Thüringen, 18. Jh. (?).

94 Ovale Schachtel mit Lochnaht, vermutlich für eine Perücke, überliefert im Thüringerwald. 17,5 x 64 x 23,5.
Dekor: Dunkelblauer Grund; auf der Deckelplatte in angedeuteter hügliger Landschaft Gruppe aus einer männlichen und zwei weiblichen Figuren in Zeitkostümen, flankiert von Büschen, darüber in heller Fraktur: »Ein Hertz das heimlich liebt / und doch nicht sagen will / Hofft wenig fodert (!) nicht / wünscht aber treflich viel.«; Zargen mit dichtem Fries aus Zweigen mit polychromen Blüten, vornehmlich Rosen. Thüringen, Ende 18. Jh. (?).

95 Ovale Schachtel mit Lochnaht, wohl für eine Perücke, Raum Wunsiedel.
19 x 73 x 20,5.
Dekor: Auf blauem Grund Gärtnerin und sitzende Frau zwischen unproportionierten Bäumen, roter Rand mit Aufschrift in Weiß: »So muß man die Liebe
wißen ohne man und nicht zu küßen« (?); Zargen mit sparsamem Blumendekor
auf weißlichem Grund. Thüringen, 18. Jh.

96 Ovale Haubenschachtel mit Lochnaht, benutzt in Brome bei Wolfsburg.
22,5 x 46,5 x 29.
Dekor: Deckelplatte mit weißlichem Feld in schmalem, rotem Rand mit Aufschrift in gelber Fraktur »Wer Redlichkeit im Herzen . . . get, der wird von mir
Hoch estomirt.«, im Feld Mann und Frau in spätbarocken Kostümen, flankiert
von größeren Bäumen und kleinen Architekturen; Zargen mit breiter blaugrüner Mittelzone, zwei umlaufende Friese aus großen, stilisierten, überwiegend
tulpenartigen Blüten in Rot und Gelb. Thüringen, ausgehendes 18. Jh.

136

97 Ovale Haubenschachtel mit Lochnaht, Deckelzarge fehlt, benutzt in
Hondelage bei Braunschweig. 17,5 x 45,5 x 29,5.
Dekor: Blaugrundig; auf der Deckelplatte in schmalem, hellem Rahmen Paar
in Kostümen des ausgehenden 18. Jhs. in angedeuteter hügliger Landschaft,
darüber teils zerstörte Aufschrift: »Ich liebe gern treu / und möcht. . . .« in gelber Fraktur; Schachtelzarge mit schmalem Fries aus Blütenzweigen. Thüringen, 19. Jh.

98 Ovale Haubenschachtel mit Lochnaht, benutzt in Peine. 18,5 x 46 x 29,5.
Dekor: Blaugrundig, auf der Deckelplatte Liebespaar in Zeitkostümen, darüber in gelber Fraktur: »Dir dienen und dich ehren, kann mir wohl niemand
wehren.«; auf den Zargen Mittelzone, die zwei Friese mit rosen- und nelkenartigen Blüten in polychromer Malerei zeigt. Thüringen, Ende 18./Anfang
19. Jh.

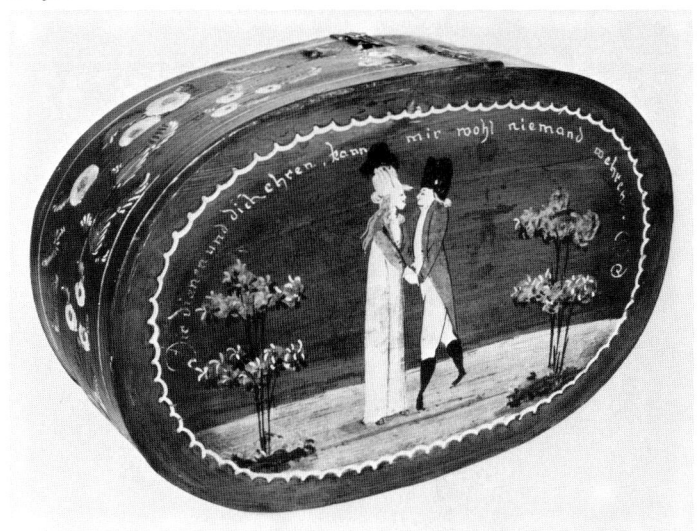

99   Ovale Haubenschachtel mit Lochnaht, wohl im Braunschweiger Raum
benutzt. 21,5 x 47 x 29,5.
Dekor: Auf der Deckelplatte umgeben von runden Blüten zwei große männliche Figuren in Zeitkostüm auf kleiner Standfläche; Zargen mit breiter Mittelzone, darauf umlaufender Zweig mit einer granatapfelartigen Form, großen
Tulpenblüten, kleinen kugligen Blüten und gelben Blättern. Wohl mitteldeutsch, 2. Hälfte 18. Jh.

138

100   Ovale Haubenschachtel mit Lochnaht, benutzt in Wedtlenstedt bei
Braunschweig. 19 x 46 x 30.
Dekor: Auf der Deckelplatte Paar in Kostümen des Empire, flankiert von kleiner stilisierter Glockenblume und Rose, auf streifiger Grundfläche, Umschrift
in weißer Fraktur: »Ich genuge mich in meinen stande in den der Himel mich
gesezt.«; Zargen mit Fries aus zwei Reihen von Zweigen mit Nelken. Häufiger
belegtes Motiv. Thüringen, Anfang 19. Jh.

101   Ovale Haubenschachtel mit Lochnaht, benutzt in Bortfeld bei Braunschweig. 22 x 46,5 x 30.
Dekor: Grund in abgestuftem, hellem Rot; auf der Deckelplatte Mann und
Frau in Zeitkostümen, darüber in gelber Fraktur: »Woran fehlt Es der Erde nimer An / Übel und an frauen / Zimer.«; Zargen mit Blumenstücken. Thüringen, Anfang 19. Jh.

102   Ovale Haubenschachtel mit Lochnaht, erworben in Wolfenbüttel. 22 x
48 x 31,5.
Dekor: Dunkelblauer Grund, auf der Deckelplatte Liebespaar auf Anhöhe,
darüber in gelber Fraktur: »Drücke dich an meine Brust / Du bist meine Hertzens lust.«; Zargen mit Blütenzweig. Thüringen, Anfang 19. Jh.

103 Ovale Haubenschachtel mit Lochnaht, benutzt in Ütze bei Peine. 20,5 x 46 x 29,5.
Dekor: Hellbeiger Grund, auf der Deckelplatte auf angedeuteter Wiese neben Baum tanzendes Mädchen in wohl süddeutscher oder alpenländischer Tracht mit Blumenstrauß in der Hand, darüber in gelber Fraktur: »Wer sich wird bey mir Einfinden / Will ich Blumen-Sträuße Binden.«; Zargen mit breiter hellbeiger Zone, Fries aus Blütenzweigen mit stilisierten Rosen und nelkenartigen Blüten. Thüringen, 19. Jh.

104 Deckel von einer ovalen Haubenschachtel, mit Lochnaht, erworben im Braunschweigischen. 8,5 x 45,5 x 28,5.
Dekor: Auf der Deckelplatte rotes Feld mit relativ kleinem Paar in Zeitkostüm auf angedeuteter Wiese unter großem, polychromem Blumengehänge mit Rosen und Vergißmeinnicht, Umschrift in weißer Kursive: »Wen ich Kan mein Schätzgen führen geh ich herzlich gern spatzieren«; Zarge mit breiter grüngrundiger Zone, Fries aus polychromen stilisierten Rosen und Tulpen. Thüringen, Mitte 19. Jh.

105

Beschreibung s. S. 144

106

142

Beschreibung s. S. 144

105 *Ovale Haubenschachtel mit Lochnaht, benutzt in Ölper bei Braunschweig. 19,5 x 49 x 32.*
Dekor: Auf der Deckelplatte in angedeuteter hügliger Landschaft Paar in Zeitkostüm, flankiert von unproportionierten Bäumen; über dem Paar in Fraktur: »Du wirst rühmen meine Treu, / Wie mein Herz beschaffen sey«; Zargen mit Friesen aus stilisierten Zweigen mit rosen- und nelkenartigen Blüten. Thüringen, 1. Hälfte 19. Jh.

106 *Ovale Haubenschachtel mit Lochnaht, erworben in Braunschweig. 20,5 x 46 x 28,5.*
Dekor: Auf der Deckelplatte Bildfeld mit Paar in Volkstracht auf angedeuteter Wiese, flankiert von Bäumen, darüber in Fraktur: »Margt ich sag dir ins Gesicht, / Du läst von den Michel nicht.«; auf jeder Zarge Fries aus Blütenzweigen mit stark stilisierten Rosen und Nelken. Thüringen, Mitte 19. Jh. Stück mit Paar in gleichartiger Tracht, datiert in die Zeit um 1840 im Germ. Nationalmuseum, Nürnberg (vgl. B. Deneke (1979), Nr. 131/Inv.-Nr. Kling 2838).

107 *Ovale Haubenschachtel mit Lochnaht, benutzt in Bortfeld bei Braunschweig. 21 x 46 x 30.*
Dekor: Auf der Deckelplatte auf Wiese zwischen unproportionierten Bäumen Genreszene mit Familie, sitzender Frau und Hund, um das Feld: »Lockt uns der Lenz auf die verjüngte Flur, so singen wir laut die Feyer der Natur.«; Zargen mit einem umlaufenden Fries aus dichten Zweigen mit stilisierten Rosen und Nelken. Mann in gleicher Pose in ähnlichen Szenen häufiger als Schachtelbild. Thüringen, 2. Drittel 19. Jh.

108 *Ovale Haubenschachtel mit Lochnaht, Brautgeschenk von 1810 aus Watenbüttel bei Braunschweig. 18,5 x 46,5 x 30.*
Dekor: Deckelplatte mit Winterlandschaft: zwei Schlittschuhläufer, davon einer in Zivilkleidung und einer in Uniform, darüber in Fraktur: »Bruder fahre nur mit fleiß, hier auf diesen glatten Eis.«; Zargen mit einem umlaufenden Fries aus Blütenzweigen stilisierter Rosen und Nelken. Thüringen, um 1810.

109 Ovale Haubenschachtel mit Lochnaht, erworben in Marburg/Lahn. 9,5 x 42,5 x 26.
Dekor: Auf der Deckelplatte kleines Paar in Zeitkostüm vor blau abschattiertem Grund, auf dem weinroten Rand: »Treu und redlich ist mein Orden Lieber tod als Falsch geworden«; Zargen blaugrundig mit schmalem Fries aus stilisierten, polychromen Tulpen- und Rosenblüten. Thüringen, Mitte 19. Jh. Mehrere ähnlich dekorierte Stücke, die im Westfälischen überliefert sind, bei K. Dröge (1979) abgebildet.

110 Ovale Haubenschachtel mit Lochnaht, benutzt in Bortfeld bei Braunschweig. 20,5 x 45 x 30.
Dekor: Blaugrundig; auf der Deckelplatte angedeutete Wiese, darauf links Himmelbett mit Frau mit Wickelkind, rechts zwischen Bäumen Mann, der sich das Haar krault, darüber in schwarzer Fraktur: »Wenn man . . . thür (?) die augen zu läst mir das kintlein / keine Ruh.«; Zargen mit einem Fries aus polychromen Blütenzweigen. Thüringen, Anfang 19. Jh.

145

111   Ovale Haubenschachtel mit Lochnaht, benutzt in Bortfeld. 23 x 44,5 x 29,5.

Dekor: Auf der Deckelplatte Bildfeld, links angeschnitten dreigeschossiges Wirtshaus, erkennbar an seinem Schild, rechts zwei männliche Figuren zwischen Gebüsch, die rechte in militärischer Uniform und mit Gewehr; darüber in gelber Fraktur: »Herr Wirt schenck er hier sbrüger ein das Jäger / kor werd gleig da seyn«; Zargen mit einem Fries aus stilisierten Blütenzweigen, Rosen und nelkenartige Blüten. Thüringen, Ende 18./Anfang 19. Jh.

113 Ovale Schachtel mit Lochnaht. 14,2 x 43 x 25,7.
Dekor: Auf dem Deckel Darstellung eines Guckkastens, einer Einrichtung zur
Betrachtung von Bildern in richtiger Perspektive, flankiert von einem Mann
und einer Frau in Zeittracht, die auf ihn deuten, Umschrift in Fraktur: »Ich
zeige hier vor wenig Geld / Die schönsten Städt der gantzen Welt.«

◁
112 Ovale Schachtel mit Lochnaht, in Hessen erworben. 21 x 46,5 x 29.
Dekor: Auf der Deckelplatte Feld mit einspännigem Frachtwagen, auf dem
Pferd Fuhrmann mit Peitsche; darüber in gelber Fraktur: »Caffe und Zucker
fahr ich bey / Damit ein jeder sich erfreu.«; Dekor der Zargen unbekannt. Thü-
ringen, 1. Hälfte 19. Jh. Stück mit ähnlichem Motiv und gleicher Aufschrift im
Schleswig-Holsteinischen Landesmuseum, Schleswig (Inv.-Nr. 1930/97/ vgl.
Volkskunst aus Deutschland . . . (1968), Nr. 732 mit Abb.).

114 *Ovale Haubenschachtel mit Lochnaht, benutzt in Niedersachsen. 22,5 x 48 x 30.*
Dekor: Blaßblauer Grund, Malerei überwiegend in Rot, Grün, Schwarz und Weiß, auf der Deckelplatte reitender Bote mit Brief in der Rechten, zwischen großen Blumenstücken, Umschrift auf weinrotem Grund in weißer Fraktur: »Den Würger hatt der spies getroffen / Nun können wir den Friden hoffen / Anno 1815, 26 Juni«, die sich auf die Niederlage Napoleons in der Schlacht bei Waterloo bezieht; Zargen mit umlaufendem Fries aus Blumensträußen. Mitteldeutsch, wohl 1815.

▷
Abb. S. 149 oben
115 *Ovale Haubenschachtel mit Lochnaht, benutzt in Wierthe bei Braunschweig. 18 x 45 x 29,5.*
Dekor: Rötlicher Grund, rote Kanten mit gelben Linien; auf der Deckelplatte Hausfrau mit dreibeiniger Pfanne und Mann, der sich das Haar unter einer Mütze krault, beide auf angedeuteter Wiese und flankiert von Büschen, darüber in gelber Fraktur: »Meiner Frau ihr Pfannenstiel, Ist recht schlecht / taugt nimer viel.«; Zargen mit Fries aus stilisierten, polychromen Blütenzweigen. Thüringen, Anfang 19. Jh. (?).

116 Ovale Haubenschachtel mit Lochnaht, erworben in Klein Eicklingen bei Celle. 20,5 x 47 x 30.
Dekor: Hellbeiger Grund; auf der Deckelplatte Frau auf rot gefiedertem Hahn rei-
tend, darüber in weißer Fraktur: »Mein
haan der ist nun so und so, / er macht die
fremte Hüner / froh«; auf den Zargen Fries
aus sehr großen, bewegten Blumen in polychromer Farbgebung. Thüringen, Anfang
19. Jh.

149

117

Beschreibung s. S. 152

118

119

Beschreibung s. S. 152

120

117 Ovale Haubenschachtel mit Lochnaht, benutzt in Bortfeld bei Braunschweig. 19 x 46 x 30,5.
Dekor: Auf der Deckelplatte flankiert von überproportionierten Blumenstücken tanzendes Paar, männliche Figur in Harlekinskostüm, darüber in weißer Fraktur: »Schönste Gredel Liebste mein / wir wohlen beyde Lustig sein.«; Zargen mit Fries aus stilisierten Blütenzweigen mit Rosen und nelkenartigen Blüten. Thüringen, Anfang 19. Jh.

118 Deckel einer ovalen Haubenschachtel mit Lochnaht, benutzt in der Umgebung von Braunschweig. 8,5 x 45,5 x 30.
Dekor: Auf der Deckelplatte Bildfeld mit Mann, der auf einem Schwein reitet, rechts davon Kavalier in Kostüm des ausgehenden 18. Jhs., an den Rändern des Bildfeldes je ein überdimensioniertes Blumenstück; über der Szene in gelber Fraktur: »Bruder Schlacht die fette Sau. / Stich mir nur nicht meine Frau«; Zarge mit Fries aus Blütenzweigen mit stilisierten Rosen und nelkenartigen Blüten. Thüringen, wohl Anfang 19. Jh.

119 Ovale Haubenschachtel mit Lochnaht, benutzt im Braunschweiger Raum. 16 x 44,5 x 29,5.
Dekor: Auf der Deckelplatte Fuchs mit Gerte, der auf angedeutetem Wiesenhügel vier Gänse treibt, über der Szene in gelber Fraktur: »Ich will zum Marcke laufen / Thu meine Gänz verkaufen«; Zargen mit einem Fries aus stilisierten Blütenzweigen, Rosen und nelkenartigen Blüten. Thüringen, 1. Drittel 19. Jh.

120 Ovale Haubenschachtel mit Lochnaht, erworben im Odenwald.
Dekor: Blaugrundig, Deckelplatte und Zargen mit bräunlichen Rändern; auf der Platte angedeutete Landschaft, Fuchs als Dirigent vor sieben Gänsen stehend, in gelber Fraktur: »Merckt auf es ist kein Kienderspiel, / Wenn man die Music lernen will«; Zargen mit zwei umlaufenden Friesen aus stilisierten roten Rosen. Thüringen, 1. Drittel 19. Jh.

▷

122 Ovale Schachtel mit Lochnaht, erworben in Frankfurt/Main. 16,5 x 44,5 x 29.
Dekor: Blaugrüner Grund; auf der Deckelplatte Szene mit Fuchs, der nach einer Frucht greift, um Honig zu stehlen, darüber in Fraktur: »Weil der Fuchs will Honig söcken, Darum stäcken ihn die Möcken.«; Zargen mit dichtem Fries aus Blütenzweigen. Thüringen, 1. Drittel 19. Jh.

121   Ovale Haubenschachtel mit Lochnaht, benutzt im Raum Osnabrück.
21,5 x 48 x 30,5.
Dekor: Blaugrundig, Bemalung lebhaft polychrom; auf der Deckelplatte Szene, die einen Fuchs als Wirt mit Glas in der Pfote zeigt vor einem Zelt mit Ausle-
ger mit Stern, unter dem zwei Fässer liegen, neben einem Baum Hase mit Wan-
derstock und Kiepe, der sich zum Wirt umschaut, darüber in Fraktur: »Bruder
kehre bey mir ein / Ich hab Bier und Brandwein«. Thüringen, 1. Drittel 19. Jh.

123 Ovale Haubenschachtel mit Lochnaht, benutzt im Braunschweiger Raum. 18,5 x 45,5 x 29.
Dekor: Heller Grund, auf der Deckelplatte stilisierte Waldlandschaft mit äsenden Rehen in naturalistischer Farbgebung, flankiert von überproportionierten, mehrfarbigen Blütenzweigen, darüber in gelber Fraktur: »Wir mögen sein in Wald und Feld / So wird uns / sehr oft nach / gestellt.«; Zargen mit breiter Mittelzone, zwei Reihen bewegter Blütenzweige mit stilisierten weißroten Rosen und rotgelben Nelken in Blattwerk. Thüringen, wohl 1. Hälfte 19. Jh.

124 Deckel einer ovalen Hauben-schachtel mit Lochnaht, benutzt im Braunschweiger Raum. 9,5 x 42 x 26.
Dekor: Auf dem Deckel weißes Feld, darin unter blau angedeutetem Himmel bunter, pfauenartiger Vogel zwischen naturalistisch dargestellten Nelken; Zarge mit Fries aus stark stilisierten weißen Blüten auf dunkelrotem Grund. Wohl mitteldeutsch, Ende 19. Jh. Deckelplatten mit sehr ähnlichem Dekor häufiger, so ein Exemplar im Museum für Deutsche Volkskunde, Berlin (33/60) und ein weiteres bei K. Dröge (1979a), Nr. 17.

125 Deckel einer ovalen Haubenschachtel mit Lochnaht, benutzt im Raum Braunschweig. 17 x 46,5 x 30,5.
Dekor: Hellblauer Grund; auf der Deckelplatte Mann mit Eimer, der eine gehörnte Ziege füttert, an den Bildrändern Baum und überproportioniertes Blumenstück; oben im Bildfeld in gelber Fraktur: »Meine Zieg daß einzig Thier, giebt nur / Milch und kein Bier.«; Zarge mit schmalem Fries aus stilisierten polychromen Blütenzweigen. Thüringen, Anfang 19. Jh. Vgl. auch Farbabbildung auf dem Einband.

126 Deckel einer ovalen Haubenschachtel mit Lochnaht, benutzt im Braunschweiger Raum. 9,5 x 42 x 26.
Dekor: Auf der Deckelplatte weißes Feld, darin unter dunkelblauem Himmel gedrungener, bunter Vogel zwischen Nelken; Zarge mit Fries aus weißen, stark stilisierten Tulpen und Rosen auf dunkelrotem Grund. Wohl mitteldeutsch, Ende 19. Jh.

127   Ovale Haubenschachtel mit Lochnaht, Deckelzarge verloren, benutzt in
Wathlingen bei Celle. 13,5 x 42 x 24.
Dekor: Hellblauer Grund, sehr sparsam verziert; Deckelplatte mit kleinem
Blumenstück, stilisierte Rosen und Nelken in polychromer Farbgebung;
Schachtelzarge mit vier schmalen Tulpenzweigen. Thüringen, 19. Jh.

129 Ovale Haubenschachtel mit Lochnaht, benutzt in Esbeck am Elm. 17 x
39,5 x 25,5.
Dekor: Hellgrauer Grund mit sparsamer Malerei, auf der Deckelplatte Feld
mit Blumenstück und taubenartigem grauem Vogel; jede Zarge mit umlaufendem Fries aus Blütenzweigen ähnlich denen auf der Deckelplatte. Stücke mit
gleichartigem Dekor häufiger. Thüringen, wohl 2. Hälfte 19. Jh.

130 Ovale Haubenschachtel mit Lochnaht, erworben in Marburg/Lahn. 17 x
27 x 42,5.
Dekor: Heller, rötlicher Grund, Ränder von Zargen und Deckelplatte in dunk-
leren Rottönen, auf letzterer polychromes Blumenstück mit taubenartigem Vogel; jede Zarge mit umlaufendem Fries aus stilisierten Tulpenblüten in Rottönen sowie einzelnen blauen, weiß gehöhten Blättern. Thüringen, 19. Jh.

◁
128 Ovale Haubenschachtel mit Lochnaht, benutzt in Ührde bei Schöppen-
stedt/Elm. 20 x 46 x 29,5.
Dekor: Auf der Deckelplatte dunkles Mittelfeld mit üppigem Blumenstück in
Rot, Blau und Weiß; Zargen mit rosa Grund, in der Mittelzone zwei Reihen
bewegter Zweige mit rotgelben und blauweißen Blüten. Thüringen 19. Jh.

132 Runde, geklebte Schachtel, Archivphoto, Originalverpackung für Konfekt, Geschenk für einen Schulanfänger in der Umgebung von Mühlhausen/Thüringen.
Dekor: Für Zargen unbekannt, auf Deckelplatte Blumenstück mit Rosen und Tulpe sowie Aufschrift: »Dem guten Kinde« in weißer Kursive. Thüringen, Anfang 20. Jh.

133 Runde, geklebte Schachtel, Originalverpackung für Konfekt, wohl »Palmarumschachtel«, erworben aus Braunschweig. H 6,5, Ø 11,5.
Dekor: Hellroter Grund, Ränder dunkelblau, auf Deckelplatte polychromes Blumenstück sowie in weißer Kursive: »Zum Andenken der Freundschaft.«; jede Zarge mit einem schütteren Fries aus Blüten in Blau-Gelb und Weiß-Rot sowie Blättern in Hellgrün mit gelber oder dunkelgrüner Zeichnung. Thüringen, Ende 19./Anfang 20. Jh.

◁

131 *Runde, geklebte »Palmarumschachteln«, Archivphoto, Originalverpak-
kungen für Konfekt, gebraucht in Heiligenstadt/Eichsfeld.
Dekor: Auf der Deckelplatte des einen Stückes in weißer Kursive: »Zum / Andenken.«; umgeben von Blütenzweigen; auf der Deckelplatte des anderen
Stückes Blumenstrauß sowie in weißer Kursive: »Zur Erinnerung.«; jede Zarge
mit schütterem Fries aus stark stilisierten Röschen sowie angedeuteten Blättern.
Thüringen, Ende 19./Anfang 20. Jh.*

134 *Runde Schachtel mit Blechklammerung, Gehäuse für eine Spieluhr, die
unter einer Abdeckplatte montiert ist, auf der Platte Bergmannskapelle aus
Holz; erworben in Goslar/Harz. H 17, Ø 14,5.
Dekor: Großzügiger polychromer Blumendekor auf blankem Holz. Wohl erzgebirgisches Erzeugnis, 20. Jh.*

135 Ovale »Messeschachtel« mit Schlitznaht, mit Zuckerwerk gefüllt im Verkauf, Kindern als typisches Geschenk von der Braunschweiger Messe mitgebracht, überliefert in Braunschweig. 4,5 x 10 x 6,5.
Dekor: Blaugrüner Grund, auf der Deckelplatte Zweig mit roter, gelb geran-
deter Tulpe; auf den Zargen schräge, rote, gelb gerandete und rosa, weiß gerandete Streifen. Provenienz unbestimmt, 19. Jh.

136 Ovale, geklebte »Messeschachtel«, (vgl. Abb. 136), in Wolfenbüttel
überliefert. 4,5 x 9 x 6.
Dekor: Hellgrüner Grund, auf der Deckelplatte großer Zweig mit rosa, weiß
gehöhter Tulpe sowie gelber Randlinie. Provenienz unbestimmt, nach Aussage
von Gewährsleuten in Thüringen typisches Beispiel für den Malstil von
Schnett/Thüringerwald, Ende 19./Anfang 20. Jh.

137 Ovale, geklebte »Messeschachtel«, (vgl. Abb. 136), in Wolfenbüttel
überliefert. 5 x 10 x 6,5.
Dekor: Blaugrundig, Deckelplatte mit großem, weißem Vogel mit roten Flü-
geln auf angedeuteter Wiese; jede Zarge mit Fries aus gefiederten weißen bzw.
blauen Blättern. Provenienz unbestimmt, Ende 19./Anfang 20. Jh.

138   Ovale, geklebte Schachteln, in Thüringen mit Zuckerwerk gefüllt von
Schulanfängern an jüngere Geschwister und andere kindliche Anverwandte
verschenkt, Thüringen Anfang 20. Jh. 27/35/46 x 72/81/103 x 43/49/65.
Dekor: Deckelplatten mit einfacher Blumenmalerei.

139 Runde und ovale, geklebte »Messeschachteln«, (vgl. Abb. 136), überliefert im Gebiet östlich Braunschweigs. Ca. 4,5–5,5 x ca. 6–8 x ca. 3–5.
Dekor: Ein Stück blank, die übrigen auf blankem Holz kunstlos bemalt, vornehmlich in Weiß, Rot und Gelb mit Einzelbuchstaben, Punktrosetten und anderem Punktdekor. Provenienz unbestimmt, Anfang 20. Jh.

▷

142 Runde Schachtel mit Schlitznaht, Originalverpackung für eine Brautkrone, überliefert im Braunschweigischen. H 11,5, Ø 18.
Dekor: Auf der Deckelplatte aufgeklebte, an den Ecken beschnittene, grob in Rot und Grün kolorierte Graphik, auf der eine Person in Zeitkostüm erkennbar ist sowie die teilweise verderbte Umschrift »CHRISTOF · SEHBICH · GE. . . S E · SEBBICH · AUF BOWERSHAV · 16 · 29«; Zargen mit spiraligen Ornamenten in Grün und Rot auf blankem Grund. Süddeutsch (?), 17. oder 19. Jh. (?).

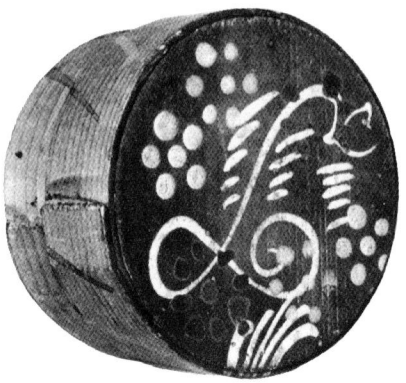

140 Runde, geklebte »Messeschachtel«, (vgl. Abb. 136), in Wolfenbüttel überliefert. H 5, Ø 7,5.
Dekor: Auf der Deckelplatte auf dunkelrotem Grund weißer Zierbuchstabe »L« und Punktrosetten in Blau, Gelb und Grün; Zargen mit schrägen, blauen und hellroten Strichen auf blankem Grund. Provenienz unbestimmt, Anfang 20. Jh.

141 Runde Schachteln mit Schlitznaht, die kleinste davon Originalverpak-
kung für eine Brautkrone (vgl. Abb. 142), benutzt im Braunschweigischen. H
11,5/9/7,5, Ø 18/16/11,5.
Dekor: Auf der Deckelplatte jeweils aufgeklebt eine grob kolorierte Graphik,
umgeben von Ornamenten in Gelb, Rot und Grün; die Graphiken stark verun-
reinigt und beschädigt, daher nicht mehr bestimmbar; Zargen mit großzügi-
gem spiraligen Dekor in Rot und Grün auf blankem Grund. Süddeutsch (?),
fraglich, ob 17. oder 19. Jh.

142

143 Ovale Haubenschachtel mit Lochnaht, benutzt in Volkmarode bei
Braunschweig. 21 x 46,5 x 30.
Dekor: Auf Deckelplatte und Schachtelzarge vor hellem Hindergrund in angedeuteter Landschaft mit einzelnen Bäumen stark stilisierte Gebäudegruppen,
darüber Himmel; Thüringen, Ende 18. Jh.

144

144 Ovale Haubenschachtel mit Lochnaht, benutzt in Wathlingen bei Celle. 19,5 x 42 x 26.
Dekor: Auf Deckelplatte und Schachtelzarge auf hellem Grund welliges Gelände angedeutet, darin stark stilisierte, turmartige Gebäude zwischen Bäumen unter blauem Himmel; Deckelzarge hellblau abgetönt zur Andeutung des Himmels. Thüringen, Ende 18./Anfang 19. Jh.

145 Serie teils ovaler, teils rechteckiger Apothekenschachteln mit Schlitznaht, aus Stift Nonnenberg/Salzburg, alpenländisch. 11,5/12,5 x 28,5/26,5 x 16,3/20,5.
Dekor: Auf rotem Grund Andeutung von Marmorstruktur, an den Schmalseiten Klebezettel mit Inhaltsangaben. Wohl individuelle Bemalung für die Apotheke.

146 *Runde, geklebte Schachtel, wohl in Nürnberg benutzt, süddeutsch. H 11,5, Ø 25.*
Dekor: Kolorierte Holzschnitte; auf der Deckelplatte Blatt mit tafelnder Gesellschaft mit Hund, umgeben von zwei Randfriesen aus Blattwerk; auf der Deckelzarge Arabesken; auf der Schachtelzarge Szenen aus der Geschichte »Judith und Holofernes«. Nürnberg, 2. Hälfte des 16. Jhs.

▷

147 *Runde, geklebte Schachtel, wohl in Nürnberg benutzt, süddeutsch (Nürnberg oder Berchtesgaden), H 6, Ø 21.*
Dekor: Kolorierte Holzschnitte; auf der Deckelplatte »Urteil des Paris«, auf der Schachtelzarge »Wildschweinjagd« aus der Jagdfolge von Virgil Solis. Nürnberg, 2. Hälfte des 16. Jhs.

▷

148 *Runde, geklebte Schachtel, wohl in Nürnberg benutzt, süddeutsch. H 10,5, Ø 15,5.*
Dekor: Kolorierte Holzschnitte; auf der Deckelplatte Blatt mit schmaler Rahmung aus Laubwerk, darin Paar in Zeitkostüm vor angedeuteter Landschaft; Deckelzarge mit Arabesken; Schachtelzarge mit Szenen aus dem Gleichnis vom verlorenen Sohn. Nürnberg, 2. Hälfte des 16. Jhs.

147

148

△
149 *Ovale, geklebte Schachtel.*
Dekor: Auf blaugrünem Grund aufgeklebt: ausgeschnittene, kolorierte Kupferstichmotive auf Deckelplatte und Zargen; auf ersterer galante Schäferszene. Süddeutsche Arbeit, Mitte 18. Jh.

150 *Ovale Haubenschachtel mit Lochnaht, erworben in Marburg/Lahn. 21,5 x 55,5 x 37. Dekor: Auf der Deckelplatte auf blauem Grund aufgeklebte, unbezeichnete Farblithographie mit Gartenszene; weinroter Randstreifen mit »Lebet wohl und denket mein, ewig soll die Freundschaft sein.«; Zargen grüngrundig, breite Zone mit zwei umlaufenden Kränzen aus dichten Zweigen mit abschattierten Blüten. Thüringen, 2. Hälfte 19. Jh.*

151 Ovale Haubenschachtel mit Lochnaht, erworben in Braunschweig. 21,5 x 55,5 x 37.
Dekor: Auf der Deckelplatte auf dunkelblauem Grund aufgeklebte, unbezeichnete Farblithographie mit Darstellung einer Kahnpartie, roter Randstreifen mit »Liebe lockt zum trauten kossen, flicht in unsern Lebenskranz immer frische Rosen.«; Zargen grüngrundig, umlaufende Kränze aus Zweigen mit stilisierten, abschattierten Blüten. Thüringen, 2. Hälfte 19. Jh.

152 Sehr lange, rechteckige Schachtel mit Schlitznaht, für eine Perücke, übernommen aus Tirol. 16 x 67 x 26.
Dekor: Dunkler Grund, auf der Deckelplatte symmetrisch angeordnet zwei Perückenständer, links mit Männerperücke in bogenförmigem Rahmen, rechts mit Frauenperücke in rhombischen Rahmen; Schachtelzarge mit fein gemalten Szenerien (Springbrunnen, Garten, Wassermühle, Burg, Anhöhe mit Gebäude, Uferblick mit Schiff). Wohl alpenländisch (oder Nürnberg?), 1. Hälfte 18. Jh.

153 Rechteckige, geklebte Schachtel, angeblich Originalverpackung einer 1860 in Groß Denkte bei Wolfenbüttel benutzten Brautkrone, naheliegender ursprüngliche Verwendung als Wallfahrtsandenken. 4,5 x 10 x 7.
Dekor: Blanke Schachtel, Deckelplatte völlig ausgefüllt von aufgeklebtem Druck mit Darstellung der Muttergottes im Strahlenkranz. Provenienz unbestimmt, Ende 19./Anfang 20. Jh.

154 Runde, bemalte Schachtel, die ein Schulanfänger anstelle der Schultüte trägt, Photo aufgenommen in der Gegend von Mühlhausen/Thüringen, Anfang 20. Jh.

155 Ovale, geklebte Apothekenschachteln aus einer Serie von 15 Stück, aus einer Apotheke im Braunschweigischen, 19. Jh. Ca. 5,5–6,5 x ca. 12,5–13,5 x ca. 8.
Dekor: Blaugrüner Grund, auf den Deckelzargen übermalte Felder, ältere Aufschriften so verdeckt, auf den Schachtelzargen weißliche Felder mit lateinischer Bezeichnung des Inhalts.

156 Ovale, geklebte Schachtel mit Firmenetikett, in einer ländlichen Kolonialwarenhandlung im Braunschweigischen vorgefunden, Originalverpackung von Nachtlichtern und Zubehör der Firma G. A. Glafey in Nürnberg, 1. Hälfte 20. Jh. 3,5 x 17,5 x 5,1.

157 Ovale Schachtel mit Lochnaht. 5,5 x 16 x 10,5.
Dekor: Allseitig (!) Kerbschnitt; Herzen, Streublumen, geometrische Ornamente sowie auf der Deckelzarge Aufschrift »JUNFER GRETA SOFIA PEITHE«. Skandinavischer Typ, 19. Jh.

158 Ovale Schachtel mit Lochnaht, Typ des »Klobb«, aufgefunden in Bortfeld bei Braunschweig (?). 9,5 x 28 x 15,5.
Dekor: Farbig gehöhte Brandmalerei; großzügiger Blumendekor, vornehmlich in Rot und Grün. Skandinavischer Typ, spätes 19., Anfang 20. Jh.

159 Ovale, genähte Schachtel, verwendet in Raunastenlakti/Finnland. 17,5
x 26,5 x 6.
Dekor: Reste eines grünen Grundes mit Blumenmalerei, in der Mitte der Dek-
kelplatte kleines Ornament in Kerbschnitt. Finnland, Jahreszahl 1791 von der
Besitzerin vermerkt.

160 Runde Schachtel mit Kettenstichnaht, Schweden, Landschaft Härjedalen. H 15,5, Ø 36.
Dekor: Deckelplatte und Zargen mit reicher Kerbschnittverzierung aus geometrischen Ornamenten.

161 *Runde Schachtel mit Kettenstichnaht, erworben aus Island, Island um*
1850. H 8,3, Ø 22.
Dekor: Deckel- und Bodenplatte mit Kerbschnittverzierung aus gewundenen
Bandornamenten.

Anmerkungen

Anmerkungen zur Einführung S. 9–22

[1] So fehlt bei J. u. W. Grimm das Stichwort ›Spanschachtel‹
[2] Vgl. F. Kluge u. W. Mitzka (1960), S. 630; Trübners Deutsches Wörterbuch 6 (1955), S. 20
[3] Vgl. J. Lessing u. A. Brüning (1905), S. 43
[4] A. Mitterwieser (1932), S. 47
[5] J. u. W. Grimm 4,1 (1878), Sp. 1131 ff.; vgl. auch M. Eysn (1897/1901), S. 290
[6] Vgl. F. v. Ow (1859), S. 23 ff.
[7] J. u. W. Grimm 4,1 (1878), Sp. 1131 ff.; vgl. auch M. Eysn (1897/1901), S. 290
[8] Vgl. J. Naumann (1977), S. 9
[9] K. Schiller u. A. Lübben 1 (1875), S. 133
[10] H. Marzell 2 (1972), Sp. 486 f.
[11] P. Paulsen u. H. Schach-Dörges (1972), S. 78 ff.
[12] Vgl. E. Schlee (1941), S. 1 ff., 87 ff.
[13] Vgl. C. F. Keßler v. Sprengeysen (1781), Anhang S. 20
[14] Vgl. auch J. Granlund (1940), S. 33
[15] Vgl. J. Granlund (1940), S. 33; E. O. Christensen (1950), S. 8, 49
[16] Vgl. H. Havard 1 (1887), Sp. 343 ff.; 3 (1889), Sp. 309 ff.
[17] J. H. Zedler 34 (1742), Sp. 692
[18] Vgl. J. Granlund (1940), S. 34
[19] Vgl. V. Boye (1896), S. 40, 91, Abb. Taf. VIII, XIX
[20] Vgl. J. Granlund (1940), passim.
[21] Vgl. J. Granlund (1940), S. 34
[22] P. Paulsen u. H. Schach-Dörges (1972), S. 58 ff.
[23] H. Appuhn (1965), S. 50 f. m. Abb.
[24] Vgl. die genaue Beschreibung bei P. J. Meier u. K. Steinacker (1906), S. 120 f.; auch: Stadt im Wandel. Ausstellungskatalog (1985), Nr. 406
[25] Vgl. H. Bösch (1890), S. 60 ff.
[26] Dazu J. Weiser (1958), passim.
[27] Vgl. u. a. G. Kallinick (1975), S. 61, 74
[28] Stadtarchiv Helmstedt: B VII 24⁸ Nr. 3; Stadtarchiv Braunschweig: C VII D 2 vol. XI
[29] Vgl. M. v. Armansperg (1889), S. 3 ff.; F. Hanser (1935), S. 29 f.; A. Mitterwieser (1939/40), S. 172 ff.
[30] Stadtarchiv Nürnberg: C 6 Nr. 1170
[31] Stadtarchiv Göttingen: AA P 98/1a
[32] Ch. Weigel (1698), S. 451 f.

[33] Vgl. u. a. G. Brückner (1853); G. C. F. Emmrich (1834); H. Gebauer (1893); H. Ch. Hensoldt (1845); Erzgebürgische Produkte (1788); J. E. v. Schütz (1770); F. G. Wieck (1840)

[34] Vgl. u. a. J. E. Mader (1809); J. v. Obernberg (1820)

[35] F. v. Ow (1859); R. Nekola (1882); H. Schönwiese (1911)

[36] A. Böhm (1977)

[37] Vgl. u. a. M. v. Armansperg (1889); J. Blau (1917); W. Stieda (1889)

[38] Vgl. H. Dressel (1908); E. R. Fugmann (1939); A. Hartmann (1903); A. Helm (1929); S. Sieber (1967)

[39] Stadtarchiv Helmstedt: B VII 24[8] Nr. 1; Stadtarchiv Braunschweig: C VII D 2 vol. XI u. C VII M 12 vol. VII. Öhm(e) aus Grünhainichen besuchte in der 2. Hälfte des 18. Jhs. die Braunschweiger Messe mit Schachteln; in den Braunschw. Anzeigen, Jg. 1783, 60 Stck. preist J. G. Semmler aus Olbernhau im Erzgebirge u. a. ›Schachteln mit Hausrat‹ an.

[40] J. Granlund (1940)

[41] So die meisten Bände der Reihe ›Deutsche Volkskunst‹ (Weimar: Böhlau)

[42] Vgl. K. Dröge (1979), S. 13 m. Abb.

[43] K. Dröge (1979), S. 21 u. Abb. 16

[44] Vgl. E. Schlee (1941), S. 1 ff.; J. Konietzko (1931), S. 178 f.

Anmerkungen zu Herstellungszentren S. 23–39

[1] D. J. G. Krünitz. 138 (1824), S. 482

[2] Vgl. M. v. Armansperg (1889), S. 3 und A. Mitterwieser (1939/40), S. 173

[3] Vgl. M. v. Armansperg 1889

[4] München: Bayer. Hauptstaatsarchiv: HL 5 Fasz. 22¼ Nr. 29

[5] Nach M. v. Armansperg (1889), S. 14

[6] Nach A. Mitterwieser (1932), S. 46

[7] Nach M. v. Armansperg (1889), S. 14

[8] Nach M. v. Armansperg (1889), S. 15 f.

[9] Nach E. Richter (1885), S. 282

[10] Nach M. v. Armansperg (1889), S. 17

[11] Nach M. v. Armansperg (1889), S. 14 f.

[12] Vgl. R. Necola (1882), S. 30

[13] Nach M. v. Armansperg (1889), S. 13

[14] Nach M. v. Armansperg (1889), S. 14

[15] Nach M. v. Armansperg (1889), S. 15

[16] Stadtarchiv Nürnberg: C 6 Nr. 1170

[17] J. E. Mader (1809), S. 303

[18] Vgl. A. Spiegel-Schmidt (1983), passim

[19] A. Spiegel-Schmidt (1983), Nr. 83, 86–94

[20] Stadtarchiv (Hann.-)Münden: Ältere Registratur I, 8 a; Stadtarchiv Göttingen: AA P 98/1 a. Dazu auch J. Regula (1914), S. 209 ff.; H. Meyer (1932), passim; F. Klein u. H. Meyer (1983), passim

[21] O. Lauffer (1939), S. 142, Recherchen v. Dr. E. Plümer, Einbeck u. der Verfasserin

22 Stadtarchiv Göttingen: AA P 98/1a; F. Heller (1976), S. 251f.
23 Nds. Staatsarchiv Wolfenbüttel: Produktenbücher, 30. 1. 1745
24 Stadtarchiv Braunschweig: C VII S 30
25 Ch. W. J. Gatterer (1792), S. 46
26 Nds. Staatsarchiv Wolfenbüttel: 2 Alt 13064
27 Vgl. u. a. C. F. Keßler v. Sprengeysen (1781), S. 104 f., 151; E. J. Walch (1811), S. 410 ff.; D. Voit (1844), S. 282; H. Ch. Hensoldt (1845), S. 107, 183, 185
28 E. R. Fugmann (1939), S. 229, 232 ff.
29 Nach E. R. Fugmann (1939), S. 228 f. mit Literaturangaben
30 Nach E. R. Fugmann (1939), S. 229
31 Mitteilung v. Renate Gauß, Museum Otto-Ludwig, Eisfeld
32 E. J. Walch (1811), S. 412
33 G. Brückner (1853), S. 479
34 H. Ch. Hensoldt (1845), S. 109
35 H. Schwerdt (1867), S. 38 ff.
36 H. Schwerdt (1867), S. 39
37 Vgl. E. R. Fugmann (1939), S. 233; A. Böhm (1977), S. 74 f.
38 A. Böhm (1977), S. 24, 59, 61, 70, 72, 74 f.; Auskunft Glasmuseum Lauscha/Thüringen an die Verfasserin
39 E. H. Kohl (1862), S. 109, H. Schwerdt (1867), S. 39
40 W. Stieda (1889), S. 124
41 Nach E. R. Fugmann (1939), S. 229
42 E. J. Walch (1811), S. 410
43 Johannes (1908), S. 142
44 O. Schmolitzky (1964), S. 109
45 Die Malerfamilie der Greiner (1931), S. 161 f.
46 Vgl. A. Hantzsch (1888), S. 49 ff.; K. E. Fritzsch (1967), S. 242
47 Nach S. Sieber (1967), S. 16
48 J. E. v. Schütz (1770), S. 84
49 F. G. Wieck (1840), S. 403
50 J. Blau (1917), S. 365 ff.
51 J. Granlund (1940), S. 30
52 W. Exner (1890), S. 62
53 Nach J. Blau (1917), S. 367
54 W. Exner (1890), S. 58 f.
55 Nach O. Lauffer (1939), S. 139
56 J. D. G. Memminger (1841), S. 452; Rückfragen wegen näherer Angaben bei den zuständigen Archiven blieben ergebnislos.
57 Vgl. I. Dieffenbacher (1923), passim; Auskunft aus dem Schwarzwaldhaus- u. Holzschneflermuseum Bernau/Schwarzwald.
58 Vgl. H. Havard 1 (1887), Sp. 343; 3 (1889), Sp. 309 f.; J. Granlund (1940), S. 29 f.; Rückfragen bei den Museen in Clermont-Ferrand u. Paris (Musée National des Arts et Traditions Populaires) blieben ergebnislos. In den elsässischen Museen in Straßburg u. Bouxwiller ließen sich keine Hinweise finden (freundliche Auskünfte v. G. Klein u. A. Matt).
59 J. Fischer (1909), S. 152
60 Vgl. G. Brachmann (1954), S. 52
61 Briefl. Mitteilung an die Verfasserin

[62] Dazu R. Nekola (1882), S. 28 ff.; H. Schönwiese (1911), S. 18 ff.; G. Liesenfeld (1982), besonders S. 100 ff., 336

[63] Nach G. Brachmann (1964), S. 54

[64] R. Nekola (1882), Anl. B.; bzw. H. Schönwiese (1911), S. 11

[65] G. Liesenfeld (1982), S. 101

[66] W. Exner (1890), S. 42

[67] H. Gruppe-Kelpanides (1979), S. 19; Th. Gantner (1981), S. 10

[68] F. Bach (1977), S. 401 ff.

[69] Stadtarchiv Helmstedt: B VII 24[8] Nr. 1

[70] Preistabellen in Jg. 1753 der ›Braunschweigischen Anzeigen‹, der damaligen offiziellen Zeitung des Herzogtums Braunschweig, 1 Taler = 24 Gute Groschen bzw. 20 Mariengroschen

[71] F. G. Wieck (1840), S. 129 f.

[72] F. v. Ow (1859), S. 23

[73] M. Eysn (1897/1901), S. 295

[74] J. Blau (1917), S. 366 ff.

[75] A. Böhm (1977), S. 20

[76] M. v. Armansperg (1889), S. 28 f.

[77] Nach A. Mitterwieser (1932), S. 47

[78] Nach A. Hantzsch (1888), S. 49 ff.; K. E. Fritzsch (1967), S. 242; die ›Schachtelleute‹ handelten zweifellos nicht nur mit leeren Schachteln, sondern diese waren gefüllt, wohl vornehmlich mit Spielzeug.

[79] Nach A. Mitterwieser (1934), S. 5

[80] Baader (1868), S. 228 ff.

[81] Nach Baader (1868), S. 228

[82] Stadtarchiv Helmstedt: B VII 24[8] Nr. 1

[83] Nach O. Lauffer (1939), S. 147; 1985 im Museum für das Fürstentum Lüneburg, Lüneburg, nicht zu ermitteln, vermutlich Kriegsverlust

[84] Nach R. Hecht (1907), S. 251

[85] Stadtarchiv Hamburg: Zollregister zu 1630, 8. 9.; nach schriftl. Auskunft des Stadtarchivs Nürnberg an die Verfasserin gibt es eine Sammlung von Handelsmarken Nürnberger Kaufleute nicht. So ist nicht feststellbar, ob es sich bei dem Signet um das eines Nürnberger Händlers handelt.

[86] Nach K. E. Fritzsch (1967), S. 242 ff.

[87] Nach C. F. Keßler v. Sprengeysen (1781), S. 151

[88] Johannes (1908), S. 142

[89] Dazu F. Hanser (1937), S. 33

[90] M. Eysn (1897/1901), S. 295

[91] Nach R. Nekola (1882), S. 30 f.; H. Schönwiese (1911), S. 18

[92] Nach G. Liesenfeld (1982), S. 100

[93] Reproduktion des Kataloges bei G. Liesenfeld (1982), hier S. 336

[94] J. E. Mader (1809), S. 302 ff.

[95] J. Blau (1917), S. 369

[96] Stadtarchiv Braunschweig: C VII D 2 vol. XI

[97] Nach M. v. Armansperg (1889), S. 4

[98] F. G. Wieck (1840), S. 127

[99] Stadtarchiv Göttingen: AA P 98/1a

[1] Vgl. F. v. Ow (1859), S. 15; M. Eysn (1897/1901), S. 292
[2] F. v. Ow (1859), S. 12
[3] Nach J. H. Zedler (1742), Sp. 692
[4] Mündliche Mitteilung v. Direktor Hoffmann, Glasmuseum Lauscha/Thüringen
[5] F. v. Ow (1859), S. 15; M. Eysn (1897/1901), S. 292
[6] Stadtarchiv Göttingen: AA P 98/1 a
[7] Vgl. S. 83; J. Granlund (1940), S. 114 ff.
[8] F. v. Ow (1859), S. 5 ff.; M. v. Armansperg (1889), S. 7, S. 11 f.
[9] A. Böhm (1977), S. 20
[10] F. v. Ow (1859), S. 14 f.
[11] F. v. Ow (1859), Fig. 3 u. Fig. 10
[12] Mündliche Auskunft v. Roland Schmidt, Freilichtmuseum im Kurort Seiffen/Erzgebirge; vgl. auch H. Flade (1976), Fußnote 38; J. Fischer (1909), S. 157
[13] Mündliche Auskunft v. Gewährsleuten; vgl. zu der Spanziehermühle H. Koerner (1962), S. 105 ff.
[14] H. Schwerdt (1867), S. 39
[15] Vgl. G. Benker (1983), S. 78 f. u. Auskunft v. Carl Bühler in Fa. Bühler-Holzspan
[16] F. v. Ow (1859), S. 16 ff.; H. Flade (1976), Fußnote 38; Beschreibung der Schachtelmacherei P. Ågren (1972), S. 133 ff.; das Freilichtmuseum Ballenberg/Schweiz zeigt eine Schachtelmacherwerkstatt, in der die Schachtelmacherei regelmäßig vorgeführt wird.
[17] Beispiele u. a. im Schweizerischen Museum f. Volkskunde, Basel, ein Beispiel bei K. Stokar (1981), S. 43 abgebildet und beschrieben
[18] Vgl. J. Granlund (1940), S. 196 ff.
[19] Beispiele dafür im Schweizerischen Museum f. Volkskunde, Basel und in Schweizer Privatbesitz
[20] F. v. Ow (1859), S. 23 f.
[21] A. Böhm (1977), S. 75
[22] Genaue Beschreibung bei F. v. Ow (1859), S. 28 ff.; Werkstattausrüstungen werden u. a. gezeigt im Schwarzwaldhaus- u. Holzschneflermuseum, Bernau/Schwarzwald, im Freilichtmuseum, Kurort Seiffen/Erzgebirge u. im Schweizerischen Freilichtmuseum Ballenberg.
[23] U. a. beschrieben v. J. Fischer (1909), S. 152; J. Blau (1917), S. 370
[24] R. Nekola (1882), S. 29
[25] Beispiele im Museum f. Deutsche Volkskunde in Berlin, im Schweizerischen Museum f. Volkskunde, Basel u. im Heimatmuseum, Berchtesgaden
[26] F. v. Ow (1859), S. 23, S. 29 f.
[27] J. v. Obernberg (1820), S. 231
[28] F. G. Wieck (1840), S. 129
[29] Waldsachen-Fabrikation (1871), S. 619
[30] J. Blau (1917), S. 371
[31] A. Böhm (1977), S. 20, H. Schwerdt (1867), S. 39
[32] H. Schwerdt (1867), S. 39

Anmerkungen zu: Die Schachteldekoration in Mitteleuropa und
Maltechniken S. 49–52

[1] Vgl. E. Lehmann (1958), S. 396
[2] Vgl. E. Darmstaedter (1927), S. 298 ff.; E. Lehmann (1958), S. 395 f.
[3] G. Buchner (1908), S. 21 f.; G. Buchner (1923), S. 259 f.
[4] Vgl. dazu Stockbauer (1878), S. 76 ff.
[5] E. Lehmann (1958), S. 396
[6] O. Lauffer (1939), S. 145
[7] Abgedruckt bei E. Lehmann (1958), S. 397 ff.
[8] Auskunft Hauptrestaurator Knut Nicolaus, Herzog Anton Ulrich-Museum, Braunschweig
[9] Stadtarchiv Helmstedt: B VII 24⁸ Nr. 1
[10] Johannes (1908), S. 141 und Untersuchungen im Braunschweigischen Landesmuseum, Braunschweig
[11] Die Malerfamilie Greiner (1931), S. 161 f.
[12] Mündliche Mitteilung von Malermeister Franz Greiner, Neustadt bei Coburg, dem Enkelsohn von Georg Greiner
[13] A. Böhm (1977), S. 20
[14] E. Lehmann (1958), S. 396
[15] M. Eysn (1897/1901), S. 294
[16] A. Böhm (1977), S. 20
[17] R. Nekola (1882), S. 31

Anmerkungen zu: Die Motivik der bemalten Schachteln S. 53–64

[1] Baader (1868), S. 228 f.
[2] Abgebildet bei H. Karlinger (1938), S. 345 unten
[3] Vgl. H. Wascher (1983), Abb. 24, 25
[4] Vgl. R. Nekola (1882), S. 30 f.; H. Schönwiese (1911), S. 18
[5] Vgl. O. Lauffer (1939), S. 148
[6] Vgl. K. Dröge (1979), Abb. 1 u. 2
[7] Überliefert im Staatlichen Museum Schwerin, vgl. J. Weiser (1958), Kat.-Nr. 48, nicht abgebildet
[8] Überliefert im B.-Schmucker-Heimatmuseum in Ruhpolding, nicht abgebildet
[9] Vgl. auch die Beispiele bei K. Dröge (1979), Abb. 24 ff.
[10] Abgesehen von dem hier abgebildeten Stück sämtlich im Staatlichen Museum Schwerin, vgl. J. Weiser (1958), S. 4
[11] E. J. v. Schütz (1770), S. 84; ›chinesisch‹ kann hier freilich auch im Sinne von ›fremdartig‹ benutzt worden sein

Anmerkungen zu: Spanschachtel und Druckgraphik S. 65–68

[1] H. Bösch (1890), passim
[2] H. Bösch (1890), S. 61 ff., I. O'Dell-Franke (1977), g4, g15, g21, g26, g34
[3] So berichtet Johannes (1908), S. 141, daß in den fünfziger Jahren des 19. Jahrhunderts in der Produktion des Thüringer Ortes Steinach »die Malerei allmählich verdrängt zu werden« begann »durch Buntdruckbilder, die aufgeleimt und ummalt wurden«. Jedoch konnte dieses Verfahren, wie Johannes weiter ausführt und wie die erhaltenen Beispiele zeigen, die ausschließliche Dekoration der Schachteln durch Malerei nicht völlig beiseite schieben.

Anmerkungen zu: Schachtelsprüche S. 69–74

[1] Vgl. die Beschreibung dieses Stückes bei P. J. Meier u. K. Steinacker (1906), S. 120; dazu auch: Stadt im Wandel. Ausstellungskatalog 2 (1985), Nr. 406
[2] Vgl. W. Seelmann (1887), S. 101 ff. mit weiterführender Literatur
[3] R. Hecht (1907), S. 251 teilt mit, daß er im Museum in Ummendorf (etwa 15 km südöstlich von Helmstedt, jetzt zur DDR gehörig) eine Schachtel vorgefunden hat mit der Aufschrift »Auf dem Markt in Helmenstedt / Kauft ich für dich die Schachtel nett / Liebe mich / Wie ich Dich«.
[4] Nach O. Lauffer (1939), S. 147; im Museum für das Fürstentum Lüneburg, Lüneburg 1985 nicht zu ermitteln, wohl Kriegsverlust
[5] Johannes (1908), S. 142 f.
[6] Vgl. G. Angermann (1971), S. 56 ff.
[7] Vgl. Diebstahlsanzeige in den ›Braunschweigischen Anzeigen‹, Jg. 1768

Anmerkungen zu: Verwendung S. 75–82

[1] Ch. Weigel (1698), S. 451
[2] H. Schwerdt (1867), S. 39
[3] Stadtarchiv Braunschweig: H V Nr. 204
[4] U. a. im Ratsarchiv Lüneburg, aus dem derartige Archivschachteln erhalten sind; vgl. dazu: Stadt im Wandel. Ausstellungskatalog. 2 (1985), Nr. 878 e
[5] Häufiger belegt auf Bauernhöfen, u. a. im Braunschweigischen
[6] Nach dem Handbuch der Deutschen Apothekerschaft, Ausgabe 1944, S. 152, waren damals Spanschachteln für Arzneien noch in Gebrauch
[7] Vgl. L. F. Fredersdorff 1 (1838), S. 42 f.
[8] Beide Darstellungen reproduziert bei G. Kallinich (1975), Abb. 79 bzw. 102; die erstgenannte Darstellung auch bei Th. u. M. Metzger (1982), Abb. 243
[9] Vgl. Ch. Pieske (1983), S. 115 ff.
[10] Vgl. Alltag u. Fest im Mittelalter (1970), Abb. 4 u. 5

11 Nach J. u. W. Grimm. 8 (1893), Sp. 1964

12 So auf einem Stilleben v. Georg Flegel (1563–1638); vgl. dazu: Stilleben in Europa. Ausstellungskatalog (1979), Nr. 222, in diesem Katalog sind weitere Stilleben mit Schachteln enthalten.

13 Ein Beispiel im Schloßmuseum Schloß Friedenstein, Gotha, ein anderes im Musée des Beaux-Arts, Château des Rohan, Straßburg

14 Vgl. J. Lessing u. A. Brüning (1905), S. 43

15 Zahlreiche Beispiele überliefert, u. a. je ein solches im Heimatmuseum Schloß Adelsheim, Berchtesgaden u. im Bayer. Nationalmuseum, München

16 H. Appuhn (1973), S. 51 m. Abb.

17 J. Naumann (1977), S. 9 f.

18 J. Naumann (1977), S. 9

19 Vgl. G. Barth (1721), S. 217

20 Je ein Exemplar in Privatbesitz in Wendeburg bei Braunschweig u. im Museum f. Deutsche Volkskunde, Berlin, vgl. hier Abb. 83 u. L. Pretzell (1967), Nr. 913 m. Abb.

21 Nach Volkskunst aus Deutschland, Österreich u. der Schweiz (1968), Nr. 717

22 Vgl. K. Dröge (1979), S. 21

23 Originale im Spielzeugmuseum, Sonneberg/Thüringen

24 R. Huch (1950), S. 91

25 G. Jacobs (1938), S. 24

26 Beispiele im Römer-Museum, Hildesheim

27 Vgl. O. Lauffer (1939), S. 146; A. Kampenhausen (1971), S. 7

28 A. Kampenhausen (1971), S. 7

29 A. Surminski (1981), S. 89

Anmerkungen zu: Nord- und nordosteuropäische Schachteltypen
S. 83–88

1 Vgl. J. Granlund (1940), S. 18 ff.

2 Vgl. D. Zelenin (1927), S. 109; J. Granlund (1940), S. 31; O. Kruglova (1981), Abb. 106, 139–145 m. ausführlichen Kommentaren

3 E. Schlee (1941), S. 1 ff.; S. 87 ff.

4 U. Jahn u. A. Meyer-Cohn (1891), S. 77 ff. m. Abb.

5 E. Schlee (1941), S. 1 ff.; E. Schlee (1978), S. 81; S. Lehmann (1943), S. 81

6 J. Granlund (1937), S. 101 ff. u. J. Granlund (1940), passim, auch für die folgenden Ausführungen, soweit nicht anders angegeben

7 J. Granlund (1940), S. 114 ff.

8 J. Granlund (1940), Abb. 31

9 J. Granlund (1940), S. 134 ff.

10 E. Schlee (1941), S. 1 ff., S. 87 ff.; E. Schlee (1978), S. 116

11 J. Granlund (1940), Abb. 41

12 E. Schlee (1941), S. 2 f., auch für die folgenden Ausführungen

[13] Vgl. O. Mensing 1 (1927), Sp. 18
[14] E. Schlee (1941), S. 3
[15] J. Granlund (1940), S. 285
[16] J. Konietzko (1931), S. 179; E. Schlee (1941), S. 4
[17] E. Schlee (1941), S. 87
[18] E. Schlee (1941), S. 6, S. 87
[19] J. Granlund (1937) u. J. Granlund (1940), passim, auch für die folgenden Ausführungen
[20] J. Granlund (1940), Abb. 191
[21] J. Granlund (1940), S. 24
[22] J. Granlund (1937), S. 114
[23] Nach J. Granlund (1937), S. 114
[24] Beide Angaben nach J. Granlund (1940), S. 31
[25] O. Kruglova (1981), Abb. 139–145 mit ausführlichen Erläuterungen
[26] O. Kruglova (1981), Abb. 106 m. ausführlichem Kommentar
[27] Nach O. Kruglova (1981), S. 204

Literatur

Nachfolgend sind alle jene Werke aufgeführt, die der Verfasserin in irgendeiner Art Hinweise zum Thema lieferten.

Ågren, P.: Tre träslöjder, in: Västerbotten, 53, 1972, S. 121–153

Alltag und Fest im Mittelalter. Gotische Kunstwerke als Bilddokumente, Katalog, Ausstellung in der Orangerie des Unteren Belvederes, Wien 1970

Alting, H.: Von Bauernmöbeln und Spanschachteln, in: Bayernland, 71, 1969, S. 13–15, 63

Angermann, G.: Stammbücher und Poesiealben als Spiegel ihrer Zeit nach Quellen des 18.–20. Jahrhunderts aus Minden-Ravensberg, Münster 1971

Appuhn, H. u. Heusinger Ch. v.: Der Fund kleiner Andachtsbilder des 13.–17. Jahrhunderts, Kloster Wienhausen, in: Niederdeutsche Beiträge zur Kunstgeschichte, 4, 1965, S. 157–178

Appuhn, H.: Der Fund vom Nonnenchor. Kloster Wienhausen, 4, Hamburg 1973

Armansperg, M. Graf v.: Das Berchtesgadener Holzhandwerk als Hausindustrie, Schriften des Vereins für Sozial-Politik, 41, Leipzig 1889

(Baader:) Beiträge zur Kunstgeschichte Nürnbergs. 2. Briefmaler, in: Jahrbücher für Kunstwissenschaft, 1, 1868, S. 227–232

Bach, F.: Die Zündholzindustrie, in: Das Frutigbuch. Heimatkunde für die Landschaft Frutigen, 2. Auflage, Bern 1977, S. 401–410

Bachmann M.: Berchtesgadener Volkskunst, Leipzig 1985

Bachmann, M. u. Langner R.: Berchtesgadener Volkskunst, Leipzig 1957

Beitl, K.: Liebesgaben. Zeugnisse alter Brauchkunst, dtv 2866, München 1980

Benker, G.: Altes bäuerliches Holzgerät, München 1976

Benker, G.: Spanschachteln aus der Schweiz, in: Volkskunst, 6,2, 1983, S. 78 f.

Bernt, W.: Sprüche auf alten Gläsern, Freiburg 1928

Blau, J.: Böhmerwälder Hausindustrie und Volkskunst, 1. Wald- und Holzarbeit, Beiträge zur deutsch-böhmischen Volkskunde, 14,1, Prag 1917

Böcker, M.: Die Bandmützenschachtel, in: Niedersachsen, 23, 1917/18, S. 200

Böhm, A.: Lauschaer Leut'. Gestalten und Namen vom Thüringer Wald, Nachdruck, Lauscha (1977)

Böhmer, G.: Sei glücklich und vergiß mein nicht. Stammbücher und Glückwunschkarten, München 1973

Borchers, W.: Volkskunst in Westfalen, Der Raum Westfalen, Band 4, Münster 1975

Bossert, H.: Volkskunst in Europa, in: Geschichte des Kunstgewerbes aller Zeiten und Völker, Band 6, Berlin 1935, S. 339–416

Boye, V.: Fund af egekister fra Bronzealderen i Danmark, København 1896

Brachmann, G.: Österreichs Wettbewerb um die Berchtesgadener Ware, in: Bayerisches Jahrbuch für Volkskunde, 1954, S. 49–59

Brückner, G.: Landeskunde des Herzogthums Meiningen, 2. Die Topographie des Landes, Meiningen 1853

Buchner, G.: Über Wismutmalerei, in: Bayerisches Industrie- und Gewerbeblatt, 1908, S. 121 f.

Buchner, G.: Hilfsbuch für Metalltechniker, 3. Auflage, Berlin 1923

Christensen, E. O.: The index of the American design, Washington 1950

Darmstaedter, E.: Wismutmalerei, in: Kultur des Handwerks, 1927, S. 298–301

Dauskardt, M.: Die Spanschachtel, eine vergessene Verpackung, in: Volkskunst, 6,2, 1983, S. 71–77

Deneke, B.: Volkskunst. Germanisches Nationalmuseum Nürnberg, Führer durch die volkskundlichen Sammlungen, München 1979

Dewiel, L.: Spanschachteln, in: Das kleine Buch der Antiquitäten für stillvergnügte Sammler, München 1966, S. 152–155

Dexel, Th.: Gebrauchsgerättypen. Das Gebrauchsgerät Mitteleuropas von der Römischen Zeit bis ins 19. Jahrhundert, Band 1 und 2, Braunschweig 1980/81

Dieffenbacher, I.: Die Schneflerei im Bernautale. Ein Beitrag zur Wirtschaftsgeschichte des Schwarzwaldes, jur. Diss., Maschinenschrift, Freiburg 1923

Dressel, H.: Die Entwicklung v. Handel und Industrie in Sonneberg, phil. Diss., Gotha 1908

Dröge, K.: Spanschachteln. Bestandskatalog, Schriften des Westfälischen Freilichtmuseums bäuerlicher Kulturdenkmale Detmold, 4, Detmold 1979

(Dröge, K.:) Bemalte Spanschachteln in Westfalen. Ausstellungsführer Detmold 1979 (Dröge 1979 a)

Emmrich, G. C. F. u. Debertshäuser, G. A.: Notizen über den Holzhandel und Schneidmühlenbetrieb in den Thüringer Gebirgsgegenden des Herzogthums Sachsen-Meiningen, in: Archiv für die Herzoglich Sachsen-Meiningischen Lande, 2,1 1834, S. 346–362

Exner, W.: Die Hausindustrie Oesterreichs, Wien 1890

Eysn, M.: Das Gadelmachen, eine Hausindustrie im Berchtesgadnerlande, in: Mitteilungen aus dem Museum für deutsche Volkstrachten und Erzeugnisse des Hausgewerbes zu Berlin, 1, 1897/1901, S. 289–295

Fischer, J.: Die Holzschachtelerzeugung im Altvatergebirge, in: Zeitschrift für österreichische Volkskunde, 15, 1909, S. 152

Fredersdorff, L. F.: Promtuarium der Braunschweig-Wolfenbüttelschen Landes-Verordnungen, Bearb. v. A. Steinacker, 1, Gandersheim 1838

Fritzsch, K.-E.: Erzgebirgische Spielzeugmusterbücher, in: Deutsches Jahrbuch für Volkskunde u. Kulturgeschichte, 4,1, 1958, S. 91–128

Fritzsch, K.-E.: Bergmann u. Engel. Zur Geschichte der weihnachtlichen Lichterträger im Erzgebirge, in: Sächsische Heimatblätter, 6, 1960, S. 534–542

Fritzsch, K.-E.: Vom Bergmann zum Spielzeugmacher, in: Deutsches Jahrbuch für Volkskunde und Kulturgeschichte, 2, 1965, S. 179–211

Fritzsch, K.-E.: Erzgebirgische Spielwaren auf Märkten u. Messen, in: Sächsische Heimatblätter, 13, 1967, S. 241–263

Fugmann, E. R.: Der Sonneberger Wirtschaftsraum. Eine Wirtschaftsgeographie des Südthüringer Waldes u. seines Vorlandes, Beihefte zu den Mitteilungen des Thüringisch-Sächsischen Vereins f. Erdkunde zu Halle/Saale, 8, Halle 1939

Gailer, J. E.: Neuer orbis pictus für die Jugend . . . nach der früheren Anlage des Comenius, Reutlingen 1835

(Gantner, Th.:) Truhen u. Kästchen, Ausstellung 1981/82 des Schweizerischen Museums f. Volkskunde, Basel 1981

Gatterer, Ch. W. J.: Beschreibung des Harzes, Band 2, Nürnberg 1792

Gebauer, H.: Die Volkswirtschaft im Königreiche Sachsen, 3, Dresden 1893

Gewerbe, Industrie u. Handel des Heininger Oberlandes in ihrer historischen Entwicklung, 1, Hildburghausen 1876

Granlund, J.: Ett stycke folkskonst från 1500-talet, in: Fataburen, 1937, S. 101–114

Granlund, J.: Träkärl i svepteknik, Nordiska Museets Handlingar, 12, Stockholm 1940

Grimm, F..: Zwischen Rennsteig und Sonneberg, Berlin 1983

Grimm, J. u. W.: Deutsches Wörterbuch, 4, 1; 8, Leipzig 1878, 1893

Gröber, K.: Die süddeutsche Volkskunst-Ausstellung München 1937, in: Jahrbuch des Bayerischen Landesvereins, 1937, S. 5–75

Gruppe-Kelpanides: Holzschnitzen im Berner Oberland, in: Jahrbuch für Volkskunde, Neue Folge 2, 1979, S. 7–37

Handbuch der Deutschen Apothekerschaft, Berlin/Wien 1944

(Hanebutt-Benz, E.-M.:) Alte Buntpapiere, Museum für Kunsthandwerk Frankfurt, Kleine Hefte, 11, Frankfurt a. M. 1979

Hanser, F.: 400 Jahre Sebastiansbruderschaft in Berchtesgaden, in: Bergheimat, 15, 1935, S. 29 f.

Hanser, F.: Vom Handelshause Prehauser in Schellenberg, in: Bergheimat, 17, 1937, S. 33

Hansmann, L.: Die bemalte Spanschachtel, in: Bunte Welt der Volkskunst, München 1980, S. 145–157

Hantzsch, A.: Geschichte des Dresdner Christmarkts, in: Mitteilungen des Vereins für die Geschichte Dresdens, 8, 1888, S. 27–63

Hartmann, A.: Zur Geschichte der Berchtesgadener Schnitzerei, in: Volkskunst und Volkskunde, 1, 1903, S. 61–69, 77–82, 87–92

Havard, H.: Dictionnaire de l'ameublement et de la décoration, 4 Bände, Paris 1887–90

Hecht, R.: Über die Volkstracht auf den magdeburgischen Dörfern, in: Geschichts-Blätter für Stadt und Land Magdeburg, 42, 1907, S. 240–254

Hedergott, B.: Kunst des Mittelalters. Ausstellungskatalog, Bilderhefte des Herzog Anton Ulrich-Museums, 1, 3. Auflage, Braunschweig 1981

Heilfurth, G.: Zur Geschichte der erzgebirgischen Bergmannsschnitzerei und -bastelei, in: Mitteldeutsche Blätter für Volkskunde, 11, 1936, S. 177–185

Heller, F.: Die Familie Schwer. Geschichte einer im Territorium Nürnberg heimisch gewordenen Exulanten-Familie von Schnitzern und Drechslern aus Berchtesgaden, in: Mitteilungen des Vereins für die Geschichte der Stadt Nürnberg, 63, 1976, S. 228–338

Helm, A.: Das Berchtesgadener Land im Wandel der Zeit, Berchtesgaden 1929, Neudruck 1974

Hensoldt, H. Ch.: Beschreibung der durch ihren Welthandel berühmten Stadt Sonneberg . . ., Nürnberg 1845

Die Schnetter Holzindustrie, in: Dorfzeitung, 115, 306, 1932

Huch, R.: Meine Kinderzeit, in: Merian, 3,3, 1950, S. 87–95

Hüseler, K.: Deutsche Fayencen, 2 Bände, Stuttgart 1957

Jacobs, G.: Die Braunschweiger Messen, in: Braunschweigisches Jahrbuch, 2, 10, 1938, S. 5–48

Jahn, U. u. Meyer-Cohn, A.: Jamund bei Cöslin, in: Zeitschrift des Vereins für Volkskunde, 1, 1891, S. 77–100, S. 335–343

Johannes: Die Steinacher Holzmaler, in: Thüringer Monatsblätter, 15,11, 1908, S. 140–143

Kallinich, G.: Schöne alte Apotheken, München 1975

Kampenhausen, A.: Bauernmalerei in Schleswig-Holstein, Heide/Holstein 1971

Karlinger, H.: Deutsche Volkskunst, Berlin 1938

Klein, F. u. Meyer, H.: 250 Jahre Ansiedlung Salzburg, Kreis Hameln-Pyrmont, Coppenbrügge 1983

Kluge, F.: Etymologisches Wörterbuch der Deutschen Sprache, bearbeitet von W. Mitzka, 18. Auflage, Berlin 1960

Koerner, H.: Kann die alte Spänziehermühle in Grünhainichen uns helfen, den Zweig einer alten Volkskunst neu zu beleben? in: Sächsische Heimatblätter, 8, 1962, S. 105–107

Kohl, E. H.: Illustrirter Bericht über die zweite allgemeine Thüringische Gewerbeausstellung mit Streifblicken auf Thüringens Industrie, Weimar 1862

Konietzko, J.: Die volkstümliche Kultur der Halligenbewohner, in: Niederdeutsche Zeitschrift für Volkskunde, 9, 1931, S. 175–190

Krünitz, D. J. G.: Enzyklopädie der Land-, Haus- und Staatswissenschaften, 138. Teil, Berlin 1824

Kruglowa, O.: Traditional Russian carved and painted woodwork, Moskau 1981, deutsche Ausgabe, München 1984

Langemeyer, G.: Museum für Kunst und Kulturgeschichte Dortmund, Museumshandbuch 1, Dortmund 1983

Lauboeck, G.: Die holzverarbeitende Hausindustrie Österreichs. Ein Kommentar zur hausindustriellen Abteilung der Gruppe IX auf der Weltausstellung Paris 1900, Wien 1900

Lauffer, O.: Wesen u. Wirken der Volkskunst mit besonderer Rücksicht auf die Schachtelmacherei, in: Volkskundliche Beiträge, Richard Wossidlo zum 26. Januar 1939, Neumünster 1939, S. 138–150

Lehmann, E.: Die Sonneberger Puppenmacher, in: Deutsches Jahrbuch für Volkskunde, 4, 1958, S. 393–424

Lehmann, S.: Deutsche Volkskunst, Berlin 1943

Lessing, J. u. Brüning, A.: Der Pommersche Kunstschrank, Berlin 1905

Liesenfeld, G.: Zum Strukturwandel der holzverarbeitenden Hausindustrie in der Viechtau/Oberösterreich ab 1900, 2 Bände, phil. Diss., Masch.-Schr., Wien 1982

Lipp, F. K.: Erlesenes Volksgut der Alpenländer, vornehmlich des Salzkammergutes, Kataloge des Oberösterreichischen Landesmuseums, 58, Linz 1968

Mader, J. E.: Reise von böhmisch Krunau durch das Oberemsische Salzkammergut nach Salzburg und Berchtesgaden. Im Herbste 1807, Prag 1809

Mais, A.: Österreichische Volkskunde für Jedermann, Wien 1952

Die Malerfamilie der Greiner. Joh. Andreas Greiner, der Begründer der Neustadter Spielwarenindustrie, in: Rund um den Mupperg, 1931, S. 161 f.

Marzell, H.: Wörterbuch der Deutschen Pflanzennamen, 2, Leipzig 1972

Meier, P. J. u. Steinacker, K.: Die Bau- und Kunstdenkmäler des Kreises Wolfenbüttel, Die Bau- und Kunstdenkmäler des Herzogthums Braunschweig, 3, Wolfenbüttel 1906

Memminger, J. D. G. v.: Beschreibung von Württemberg, 3. gänzlich umgearbeitete und stark vermehrte Auflage, Stuttgart/Tübingen 1841

Mensing, O.: Schleswig-Holsteinisches Wörterbuch, 5 Bände, Neumünster 1927–35

Metzger, Th. u. M.: Jüdisches Leben im Mittelalter, Fribourg 1982

Meyer, H.: Vertreibung der Salzburger und Berchtesgadener Protestanten und ihre Aufnahme in Kurhannover 1733, Uslar 1932, Nachdruck Fischbeck (um 1984)

Mitterwieser, A.: Das Holzgewerbe des Berchtesgadener Landes nach dem Westfälischen Frieden, in: Bergheimat, 12, 1932, S. 46 f.

Mitterwieser, A.: Zur Geschichte der Berchtesgadener Holzwarenindustrie, in: Zeitschrift für bayerische Landesgeschichte, 12, 1939/40, S. 172 ff.

75 Jahre Museum für Volkskunde zu Berlin, 1889–1964, Festschrift Berlin 1964

Naumann, J.: Haubenschachteln, Kassel 1977

Naumann, J.: Haubenschachteln und andere Spanschachteln, in: Weltkunst, 47, 1977, S. 638–640

Nekola, R.: Die Holz- und Spielwaren-Hausindustrie in der Viechtau bei Gmunden, Gmunden 1882, Sonderdruck aus: Berichte des Forstvereines für Österreich ob der Enns, Heft 23

Neumann, W.: Seiffener Miniaturen. Ein Beitrag zur Geschichte des Seiffener Miniaturspielzeugs, in: Sächsische Heimatblätter, 30, 1984, S. 217–226

Obernberg, J. v.: Reisen durch das Königreich Bayern, Theil 1, Heft 14. Der Isarkreis, Band 5, Heft 2. Reise durch die Landgerichte Reichenhall und Berchtesgaden, München/Leipzig 1820

O'Dell-Franke, I.: Die Kupferstiche und Radierungen aus der Werkstatt des Virgil Solis, Wiesbaden 1977

(Ow, F. v.:) Das Kunstholzhandwerk im oberbayerischen Salinen-Forstamtsbezirke Berchtesgaden, München 1859

Paulsen, P. u. Schach-Dörges, H.: Holzhandwerk der Alamannen, Stuttgart 1972

Pienn, H.: Bergknappen aus der Spanschachtel, Leobener Grüne Hefte, 134, Wien 1972

Pieske, Ch.: Die Haubenschachteln im Kreismuseum Neustadt/Holstein, in: Jahrbuch für Heimatkunde im Kreis Neustadt Holstein, 4, 1960, S. 133–139

Pieske, Ch., unter Mitarbeit von K. Vanja u. a.: Das ABC des Luxuspapiers. Herstellung, Verarbeitung und Gebrauch. Schriften des Museums für Deutsche Volkskunde Berlin, 9, Berlin 1983, 2. Auflage 1984

Pieske, Ch.: Etiketten aus alten Apotheken, in: Gebrauchsgraphik, 37, 1966, S. 46–51

Pieske, Ch.: Kleine Kulturgeschichte der Apotheken-Spanschachtel, in: Merck. Medizinischer Monatsspiegel, 1969, 1

Poppe, J. H. M.: Technologisches Lexikon, 4, Stuttgart/Tübingen 1819

Pretzell, L.: Kostbares Volksgut aus dem Museum für Deutsche Volkskunde Berlin, Katalog der Ausstellung, Berlin 1967

Prodinger, F.: Volkskunst in Hallein, in: Das Halleiner Heimatbuch, Leoben 1954, S. 109–111

Erzgebürgische Produkte und Handels-Artikel, wovon zum Theil viel außer Landes geht, in: Johann Fabris neues geographisches Magazin, 3, 1788, S. 235–238

Redslob, E.: Thüringen. Deutsche Volkskunst, Weimar 1926

Regula, J.: Die Berchtesgadener (Salzburger) Emigranten in Göttingen (1733–1742), in: Zeitschrift der Gesellschaft für niedersächsische Kirchengeschichte, 19, 1914, S. 209–229

Richter, E.: Der Zustand der Bevölkerung und dessen geschichtliche Entwicklung. = Das Land Berchtesgaden, 2, in: Zeitschrift des Deutschen und Österreichischen Alpenvereins, 16, 1885, S. 266–298

Ritz, G. M.: Besprechung von: K. Dröge: Spanschachteln und Dröge K. u. Elling, W.: Bemalte Spanschachteln in Westfalen, in: Bayerisches Jahrbuch für Volkskunde, 1982, S. 120

Ritz, J. M.: Über Spanschachteln im Fichtelgebirgsmuseum zu Wunsiedel, in: Der Mainbote, 1930, S. 40–42

Rodin, K.: Räven predikar för Gässen, Uppsala 1983

S. H.: Waldsachen-Fabrikation, in: Gartenlaube, 1871, S. 616–619

Die Salzburger Spanschachtel, hrsg. vom Gewerbeförderungsinstitut Salzburg, Salzburg o. J.

Sauermann, E.: Volkskunst, in: Das Thaulow-Museum, Hamburg 1929, S. 33–37, Abb. 100, Schleswig-Holsteinisches Jahrbuch, 18, 1928/29

Schietzel, K.: Hölzerne Kleinfunde aus Haithabu. Ausgrabung 1963–1964, in: Berichte über die Ausgrabungen in Haithabu, Bericht 4, Neumünster 1970, S. 77–91

Schiller, K. u. Lübben, A.: Mittelniederdeutsches Handwörterbuch, Band 1–6, Bremen 1875–81

Schlee, E.: Der Klobb, in: Die Heimat, 51, 1941, S. 1–7, 87–89

Schlee, E.: Schleswig-Holstein. Deutsche Volkskunst, Neue Folge, Weimar o. J.

Schlee, E.: Die Volkskunst in Deutschland. Ausstrahlung, Vorlagen, Quellen, München 1978

Schmolitzky, O.: Thüringer Volkskunst. Jena und Umgebung, Weimar 1950

Schmolitzky, O.: Volkskunst in Thüringen vom 16. bis zum 19. Jahrhundert, Weimar 1964

(Schönwiese, H.:) Die Holz- und Spielwaren-Industrie in der Viechtau bei Gmunden, in: Berichte des Forst-Vereines für Oberösterreich und Salzburg, 50,1, 1911, S. 3–32

Schultes, J. A.: Reisen durch Oberösterreich in den Jahren 1794–1808, Thüringen 1809, 2 Teile. O. O. o. J.

Schütz, J. E. v.: Historisch-Oeconomische Beschreibung von dem berühmten Schloß und Amte Augustenburg in Chur-Sachsen, Leipzig 1770

Schwarz, E. u. Molodovsky, N.: Berchtesgadener Handwerkskunst, Freilassing 1977

Schwarz, E. u. Molodovsky, N.: Volkskunst zwischen Inn und Salzach, 2. Auflage, Freilassing 1978

Schwerdt, H.: Das industrielle und kommerzielle Thüringen. Das industrielle und kommerzielle Deutschland, 1, Gera 1867

Seelmann, W.: Die Vogelsprachen, in: Niederdeutsches Jahrbuch, 13, 1887, S. 101–147

Sieber, G.: Studien zur Industriegeschichte des Erzgebirges, Köln/Graz 1967

Spiegel-Schmidt, A.: Namensverzeichnis von den in den Jahren 1686 bis 1739 ausgewanderten bzw. ausgewiesenen Berchtesgadener Protestanten, Gemeindebrief der Ev.-Luth. Kirchengemeinde Berchtesgaden, Sondernummer 1, Berchtesgaden 1983

Sprengeysen, C. F. Keßler v.: Topographie des Herzogl.-Sachsen-Meiningischen Antheils an dem Herzogthum Koburg . . ., Sonnenberg (!) 1781

Stadt im Wandel. Kunst und Kultur des Bürgertums in Norddeutschland 1150–1650, Landesausstellung Niedersachsen 1985, Ausstellungskatalog, hrsg. von C. Meckseper, Band 1 und 2, Stuttgart/Bad-Cannstadt 1985

Stieda, W.: Literatur, heutige Zustände und Entstehung der Hausindustrie, Schriften des Vereins für Sozialpolitik, 39, Leipzig 1889

Stilleben in Europa, Ausstellungskatalog, hrsg. von G. Langemeyer und H.-A. Peters, Münster 1979

Stillich, O.: Die Spielwaren-Hausindustrie des Meininger Ober-Landes, Jena 1899

Stockbauer: Die Nürnberger Wismutmaler, in: Vierteljahrsschrift für Volkswirtschaft, Politik u. Kulturgeschichte, 15, 1878, S. 76–89

Stokar, K.: Liturgisches Gerät der Zürcher Kirche vom 16. bis ins 19. Jahrhundert, Mitteilungen der Antiquarischen Gesellschaft in Zürich, 50,2, Zürich 1981

Surminski, A.: Kudenow oder An fremden Wassern weinen, Hamburg (1981)

Trübners Deutsches Wörterbuch, hrsg. v. W. Mitzka, 6, Berlin 1955

Voit, D.: Das Herzogthum Sachsen-Meiningen, historisch, statistisch, geographisch u. topographisch dargestellt . . ., Gotha 1844

Volkskunst aus Deutschland, Österreich und der Schweiz. Kunstgewerbemuseum der Stadt Köln. Ausstellung in der Kunsthalle Köln 1968

Volkskunst im Rheinland, Ausstellungskatalog, Kommern 1968

Walch, E. J.: Historisch-statistische, geographische und topographische Beschreibung . . . des Sachsen-Meiningischen Hauses und dessen Lande . . ., Nürnberg 1811

Wallfahrt kennt keine Grenzen, Katalog der Ausstellung im Bayerischen Nationalmuseum München 1984

Wascher, H.: Alte bemalte Spanschachteln, Rosenheim 1983

Weigell, Ch.: Abbildung der gemein-nützlichen Hauptstände. Mit Kupferstichen nach C. Luyken, Regensburg 1698

(Weiser, J.:) Die Haubenschachtel. Staatliches Museum Schwerin, Ausstellungsführer, Schwerin 1958

Wieck, F. G.: Industrielle Zustände Sachsens. Das Gesamtgebiet des sächsischen Manufaktur- und Fabrikwesens, Handels und Verkehrs, Chemnitz 1840

Wilckens, L. v.: Das Puppenhaus, Vom Spiegelbild des bürgerlichen Hausstandes zum Spielzeug für Kinder, München 1978

Zedler, J. H.: Großes vollständiges Universal-Lexikon, 34, Leipzig/Halle 1742

Zelenin, D.: Russische (Ostslawische) Volkskunde. Grundriß der slawischen Philologie und Kulturgeschichte, 3, Berlin/Leipzig 1927

Standortnachweis

60	Ried im Innkreis, Heimatmuseum: o. Nr.
61	Basel, Schweizer. Museum für Volkskunde: VI, 536, 536 b, 536 e, 536 j
62–63	Linz, Oberösterr. Landesmuseum: F 9425, F 9418
64	Salzburg, Museum Carolino Augusteum: 276/921
65–67	Ried im Innkreis, Heimatmuseum: 582, o. Nr., 581
68	Basel, Schweizer. Museum für Volkskunde: VI 4199
69	Linz, Oberösterr. Landesmuseum: F 9430
70–71	Braunschweig, Bs. Landesmuseum: LMB 24491, VM 2470
72	Wien, Österr. Museum für Volkskunde: 18.652
73	Braunschweig, Bs. Landesmuseum: LMB 21302
74 a	Schleswig, Schleswig-Holstein. Landesmuseum: 1921/382
74 b	Flensburg, Städt. Museum: 17925
75	München, Bayerisches Nationalmuseum: 28/3011
76–77	Braunschweig, Bs. Landesmuseum: Privatbesitz, LMB 15987
78	Wendeburg, Privatbesitz
79–82	Braunschweig, Bs. Landesmuseum: VM 3773, VM 10740, LMB 16275, LMB 24494
83	Hannover, Hist. Museum am Hohen Ufer: VM 9386
84	Braunschweig, Privatbesitz
85	Berchtesgaden, Heimatmuseum: 275
86	Wendeburg, Privatbesitz
87	Hannover, Hist. Museum am Hohen Ufer: VM 7121
88	Lüneburg, Museum für das Fürstentum Lüneburg: 127/1920
89–90	Braunschweig, Privatbesitz
91–92	Braunschweig, Bs. Landesmuseum: VM 6059, LMB 24501
93–94	Sonneberg, Spielzeug Museum: 5315, 1062
95	Wunsiedel, Fichtelgebirgsmuseum: o. Nr.
96	Brome, Heimatmuseum: o. Nr.
97	Braunschweig, Bs. Landesmuseum: LMB 24502
98	Braunschweig, Privatbesitz
99–103	Braunschweig, Bs. Landesmuseum: LMB 24504, LMB 14037, LMB 21301, LMB 24500, LMB 24499
104	Braunschweig, Privatbesitz
105–108	Braunschweig, Bs. Landesmuseum: VM 6014, LMB 21348, VM 10739, VM 1064
109	Braunschweig, Privatbesitz
110–111	Braunschweig, Bs. Landesmuseum: LMB 24480, VM 6410
112	Wiesbaden, Privatbesitz
113	Kassel, Staatl. Kunstsammlungen: 1940/579
114	Hannover, Hist. Museum am Hohen Ufer: VM 22109
115	Braunschweig, Bs. Landesmuseum: VM 8931
116	Hannover, Hist. Museum am Hohen Ufer: VM 22109
117–119	Braunschweig, Bs. Landesmuseum: VM 8450, VM 6715, VM 4292
120	Nürnberg, Germanisches Nationalmuseum: Kling 5037
121	Osnabrück, Kulturgeschichtliches Museum: A 1429
122	Berlin, Museum für Deutsche Volkskunde: 36/78
123	Braunschweig, Bs. Landesmuseum: VM 2839

124	Wendeburg, Privatbesitz
125–129	Braunschweig, Bs. Landesmuseum: VM 7146, LMB 24552, LMB 24487, LMB 24509, VM 3776
130	Braunschweig, Privatbesitz
131 a b	Heiligenstadt, Archivphoto Prochaska
132	Hamburg, Archivphoto H. G. Löwe
133–137	Braunschweig, Bs. Landesmuseum: LMB 24474, LMB 19172, LMB 24475, LMB 24553, LMB 24554
138	Hamburg, H. G. Löwe
139	Wolfsburg, Antiquitätenhandlung Hoffmann (1985)
140–144	Braunschweig, Bs. Landesmuseum: LMB 24581, LMB 24600, VM 5105, VM 5654, LMB 24600, VM 7145, LMB 24495
145	Salzburg, Museum Carolino Augusteum: K 4334/49 a–e
146–149	Nürnberg, Germanisches Nationalmuseum: HG 9974, HG 328, HG 10156, HG 9869
150	Braunschweig, Privatbesitz
151	Braunschweig, Bs. Landesmuseum: LMB 24250
152	Wien, Österr. Museum für Volkskunde: 5.707
153	Braunschweig, Bs. Landesmuseum: LMB 10972
154	Hamburg, Archivphoto H. G. Löwe
155–158	Braunschweig, Bs. Landesmuseum: LMB 24565, LMB 24814, LMB 16329, LMB 24602
159	Basel, Schweizer. Museum für Volkskunde: VI, 30732
160	Stockholm, Nordisches Museum: 102, 614
161	Basel, Schweizer. Museum für Volkskunde: VI, 4873

Photonachweis

Basel, Schweizerisches Museum für Volkskunde: 16, 57, 61, 159, 161
Bärnau, H. Bessermann: 95
Berchtesgaden, Maxis-Foto: 26, 28–30, 35, 37, 48
Berchtesgaden, Karbacher: 85
Berlin, Staatl. Museen Stiftung Preußischer Kulturbesitz, Museum für Deutsche Volkskunde: 122
Braunschweig, Herzog Anton Ulrich-Museum (B. P. Keiser): 4
Braunschweig, Braunschweigisches Landesmuseum (I. Simon): 5, 6, 9 a, 23, 24 a b, 31–33, 36, 39, 50–53, 70, 71, 73, 76–82, 84, 86, 89–92, 96–98, 99–111, 115, 117–119, 123–130, 133–137, 139–144, 150, 151, 153, 155–158
Braunschweig, Stadtbibliothek (B. Langemann): 1
Braunschweig, Foto-Thiemann: 11
Flensburg, Fotostudio G. Remmer: 74 b
Hamburg, H. G. Löwe: 132, 138, 154
Hannover, Historisches Museum am Hohen Ufer: 83, 87, 114, 116
Heiligenstadt, Archiv Prochaska: 131
Kassel, Staatliche Kunstsammlungen, Abteilung Volkskunde:113
Köln, Kunsthaus Lempertz: 17
Kremsmünster, H. Wascher: 58, 59,
Linz, Oberösterreichisches Landesmuseum: 62, 63, 69
Lüneburg, Pressefoto Makovec: 9 b, 18, 19, 88
München, Bayerisches Nationalmuseum: 25, 49, 75
München, Bayerische Staatsbibliothek: 7
Neustadt bei Coburg, Archiv H. Drobik: 10
Nürnberg, Germanisches Nationalmuseum: 12/13, 21, 22, 120, 146–149
Osnabrück, Kulturgeschichtliches Museum: 121
Ried/Innkreis, Foto-Hirnschrodt: 34, 60, 65–67
Ruhpolding, Foto-Studio Wanke: 38, 43–47
Salzburg, Museum Carolino Augusteum: 64, 145
Schleswig, Schleswig-Holsteinisches Landesmuseum: 74 a
Sonneberg/Thüringen, Foto Ingber, U. Behrens: 93, 94
Stockholm, Nordiska Museet: 160
Stuttgart, Württembergisches Landesmuseum: 20 a b, 27
Wien, Österreichische Galerie: 8
Wien, Pressefoto F. Schachinger: 41, 42 a b, 55 a b, 56, 72, 152
Wiesbaden, C. Rinnelt: 112

Thomas Dexel

Die Formen
des Gebrauchsgeräts

Ein Typenkatalog der Gefäße
aus Keramik, Metall und Glas in
Mitteleuropa. 168 Seiten,
205 Abbildungen.
21 × 24,5 cm. Leinen.

»Mit der Frage nach der Benennung von Gefäßformen habe ich mich
seit meiner ersten Buchpublikation von 1955 beschäftigt. Da auf diesem
Gebiet ziemliche Willkür herrschte, habe ich mehrfach den Vorschlag
unterbreitet, die Vielzahl der Gefäßformen auf wenige Grundtypen zu-
rückzuführen.«

In Thomas Dexels neuem Buch, das sich als Summe seines Lebenswer-
kes verstehen läßt, ist die Ordnung, das System, das Thema. Klar über-
schaubar in vier Abteilungen gegliedert, wird das Material in lexikalischer
Übersicht und mit 205 Abbildungen vorgeführt.
Zunächst römische Geräte aus sämtlichen Werkstoffen, vor allem Funde
aus dem Rheinland, dann Geräte aus Holz und Keramik, aus Metall und
schließlich aus Glas. Jedes die jeweilige Form exemplarisch vertretende
Gefäß wird abgebildet. Die zugehörige Beschreibung benennt die typischen Formenmerkmale und enthält Angaben über räumliche und zeitliche Zuordnung, die Verwendung sowie Literaturhinweise.

Dem Typenkatalog vorangestellt ist ein in die Grundlagen der Thematik
einführender Text. Er erhellt den historisch-gesellschaftlichen Umraum
von Handwerk und Handwerkern, die Voraussetzungen für Dauer und
Entwicklung der Gefäßformen, und zugleich umreißt er den Stand der
gegenwärtigen Forschung.
In welchem Zusammenhang auch immer nach den Formen des Gebrauchsgeräts gefragt wird: In diesem Katalog finden Kunsthändler und
Sammler, Volkskundler und Designer das zuverlässige Nachschlagewerk.

Klinkhardt & Biermann · München